家を建てる前に
知っておきたい

地盤のすべて

山口喜廣
YAMAGUCHI YOSHIHIRO

幻冬舎MC

家を建てる前に知っておきたい

地盤のすべて

山口喜廣

はじめに

近年、地盤の脆弱さによって引き起こされた住宅の事故が目立ちます。2021年7月には静岡県熱海市伊豆山地区で大規模な土石流が発生し、災害関連死1人を含む27人が亡くなりました（2022年6月時点で1人行方不明）。被害が拡大した理由として盛土のずさんな工事により地盤が脆弱になっていた実態が指摘され、災害発生後に国や自治体が大幅な規制強化に踏みだしました。

このような大規模災害ほどではなくとも、地盤固めが不均一または強固に行われなかった土地に住宅を建てたことで、床の傾きや雨漏り、外壁のひび割れなどが発生してしまうことがあります。さらに脆弱な地盤は建物自体の重みで建物そのものが不ぞろいに沈んだり土地の上を滑りだしたりしてしまうことや、最悪の場合、大きな地震が起これば家が簡単に倒壊してしまい命を脅かしかねません。

しかし、マイホームが完成して一度住んでしまえば、いくらそのあとに地盤が脆弱だと分かったとしても、大きな出費を伴うためそう簡単に建て替えるわけにもいきません。そのため施主側も業者に任せっきりにするだけでなく家を建てる前に土地の安全性について考えておくことが重要です。

私は、地盤調査・地盤改良工事を専門に手掛ける会社を20年以上経営し、10万件以上の地盤改良工事を行ってきました。その経験をもっていえるのは、地質調査の実態は残念ながら業者が事前調査に万全を期していなかったり、地盤改良施工の手抜きをしたりするケースが現実に起こっているということです。そうした現状を踏まえて、一生の買い物となる家を建てる前に地盤について最低限必要な知識を身につけておき、業者選びのポイントや工事の適正価格についても知っておくことは決して無駄ではありません。

本書はこれから自分の家を建てようと考えている人に向けて、普段意識することがない地盤の重要性などについて分かりやすく解説するものです。この一冊をきっかけに一人でも多くの読者が地盤について正しい知識を得て、長い間安心して暮らせる住まいを手に入れることができれば、筆者としてこれほどうれしいことはありません。

目次

第2章

地盤調査や地盤改良の基礎知識

土地の安全性をチェックする

第3章 それって本当に適正価格？ 地盤調査や地盤改良に掛かる費用と工法について

第5章 「盤石な地盤」だから実現できる 安心して長く住み続けられる家

第1章

災害から命と資産を守る

家づくりに欠かせない「地盤」とは何か

見落とされがちな地盤という問題

家づくりにおいて地盤というのは、地味かもしれませんがとても重要です。新しい家を建てるときは間取りやキッチンのことなどを考えると夢が膨らみますが、そこに家を建てて大丈夫か、つまり地盤について考えておくことがなによりも大事になります

２０２１年７月、静岡県熱海市で大規模な土石流災害が起こりました。災害発生により盛土を含む約５万６０００立方ｍの土砂が流出し、その結果27人の犠牲者をだし、住宅被害は全壊が53棟、半壊11棟、一部破損が34棟にも及びました（２０２２年４月１日　消防庁報告）。

土石流を引き起こした直接の原因は大雨であり、これは天災です。しかし地盤調査や地盤改良の点から見れば、この熱海で起こった土石流による住宅被害は人災の側面も否定できません。

土砂崩れの原因となった土石流を引き起こしたのは、山の上の盛土でした。とんで

もない量の盛土が行われていたため、これが崩れたのはある意味当然だったといえます。

事故後に私も調べてみましたが、現場は傾斜地であるにもかかわらず、宅地造成のための頑丈な地盤が造られていないところがありました。あの場所で宅地造成するのであれば、通常、まずは擁壁《ようへき》といった土壌の崩壊を防ぐ土木工事でしっかりと地盤を固める必要があります。

ところが、実際はそのような地盤改良は行われていなかったようです。もしあの土地に地盤調査が入っていれば、おそらく崩れる危険性が高いと報告されたに違いありません。土地の利用用途として宅造の許可は取れていたのかもしれませんが、地盤を改良しない限りとても家など建てられる状況ではなかったのが実状だと思います。

それでも、あれほどまでの豪雨に見舞われなければ土砂崩れは起こっていなかったはずです。日本では近年「〇〇年に一度」といわれる異常気象、特に豪雨による被害が相次いで発生しています。気象学の専門家の話によれば、近年起きている異常気象の多発は、やはり地球温暖化の影響と考えるのが妥当なようです。だとすれば、従来の異常気象はもはや「異常」ではなくなっている可能性が高いのです。そのため今後は、線状降水帯などによる○○年に一度クラスの豪雨が、通常の出来事になるリスクを頭に入れておく必要があります。

そしてもちろん、豪雨や水害自体への警戒も大事ですが、考えておかなければならないのは、家を建てるときの地盤についてです。今回の静岡県の例のように、大量の雨が一気に降ったときには、当然地盤への影響がでてきます。だから家を建てるときには、まず地盤を確認してしっかり固めておく必要があるのです。

阪神・淡路大震災で見直された耐震性と地盤の重要性

長年、住宅業界に関わってきた私が地盤に関する仕事へ傾注していったのは、1995年の阪神・淡路大震災が大きなターニングポイントとなっています。東日本大震災がいわゆる海溝型の地震だったのに対して、阪神・淡路大震災は内陸の活断層による地震でした。震源域が海ではなく陸、それも神戸という都市部に近かったために多くの建造物が倒壊しました。この震災では、高速道路の高架が横倒しになっていた写真を何度も見掛けたことは多くの人の記憶に残っているはずです。

阪神・淡路大震災では主に建物が大きな被害を受け、高架道路はもとより、商業ビルそして住宅の多くが倒壊してしまいました。全壊した建物が約10万5000棟、半壊した建物は約14万4000棟にもなったといいます。以前から耐震基準が定められていましたが、1981年6月以降のいわゆる新耐震基準に基づいて建てられた建物と、それ以前の基準によって建てられた建物では被害状況に大きな違いが出ました。特に木造建物で倒壊が多かったのが、旧耐震基準対応の建物です。

耐震基準の見直しで地盤調査が必要に

これを受けて特に木造住宅の安全性を担保するために基準の改定が行われました。改定された新たな耐震基準は、2000年6月から施行されたので、一般には「2000年基準」と呼ばれています。この2000年基準で木造住宅向けに示されたのは、次のような項目です。

・地盤に応じた基礎設計とそのための地盤調査の実施
・筋交い金物の使用など接合部での金具の取り付け
・偏りのないように耐力壁を配置し有効性を高める

注目すべきは基礎設計に対する認識を改められた点です。2000年基準では、地盤に対応した基礎が求められるようになりました。そのためには対象となる土地の地耐力を明らかにすること、つまり地盤調査が必要となったのです。

また、2000年には「住宅の品質確保の促進等に関する法律（品確法）」も施行されました。品確法の3本柱となるのが、瑕疵担保責任、住宅性能表示制度、紛争処理体制の整備です。

瑕疵担保責任の概要については「住宅品質確保法に基づき、新築住宅の売主等は、構造耐力上主要な部分及び雨水の侵入を防止する部分について、10年間の瑕疵担保責任を負うこととされている」と記されています（「住宅の品質確保の促進等に関する法律の概要」２０２２年9月15日・国土交通省）。

また新築住宅の住宅性能表示制度については「住宅の基本的な性能について、共通のルール（国が定める日本住宅性能表示基準・評価方法基準）に基づき、公正中立的な第三者機関（登録住宅性能評価機関）が設計図書の審査や施工現場の検査を経て等級などで評価し、建設住宅性能評価書が交付された住宅については、迅速に専門的な紛争処理が受けられる、平成12年度から運用が実施された任意の制度である（同・国土交通省資料）」と記されています。

これらの制度により住宅の性能は大きく向上しました。特に木造住宅においても地盤の重要性が認識されたのは注目すべきポイントでした。

家を建てる前に知っておくべき地盤のこと

地盤を辞書で調べてみると「建築・工事をする際の土台となる土地」（三省堂国語

辞典）と記されています。しかし、地盤を実際に見た経験のある人はあまりいません。都会に暮らしていると、そもそも土の地面を目にする機会そのものが限られています。特に東京や大阪などの大都市では、マンションやビルなどの建築現場は見掛けても、戸建住宅を建てようとしている土地に目を向けることはめったにありません。

マンションなどの大掛かりな建設現場は塀に囲われていて、基本的に中を見ることはできません。ときおり更地になっている場所があり、仮にそんな場所を通り掛かったとしても、わざわざ立ち止まってじっと見たりもしないと思います。

とはいえ、もし近くにこれから住宅を建てようとしている現場があれば、一度、その地面をじっくりと見てみるべきです。そして、その場所の土に注目すると、その場所の土地柄や歴史が浮かび上がってきます。

例えばその土を手に取ってよく見ると、さまざまな質感があることが分かります。砂っぽい土、粘土のようなもの、小さな砂利が含まれていたり、ときにはガラと呼ばれる建築廃材が混ざっていたりするケースもあります。

さらに、その土地が昔はどんなところだったかを想像するときに地名を手掛かりにすれば、いろいろ思いつくかもしれません。今はごくありきたりな町中の一角だとしても、ひょっとすると100年ほど前には田んぼだったり、川底だったという可能性さえあり得るのです。

ともかく、これから土地や建売住宅を買おうとしている人は、土にも関心をもつことが不可欠です。ちなみに土は、粒子の大きさによって次の4種類に分類されています。

1 粘土（0・001～0・005㎜）
2 シルト（0・005～0・075㎜）
3 砂（0・075～2㎜）
4 礫《れき》（2～75㎜）

ただ、ある場所の土が粘土だけで構成されているようなケースはまずありません。通常は、これら4つの粒子が複雑に混ざり合っています。その混ざり具合で大きく粘土性もしくは砂質性に分けられます。

もし、不動産会社などに土地を案内されたら、ここの土は粘土性のようだが地盤は大丈夫か、などと尋ねてみると良いです。そんな質問をされると相手は土地について少しは分かっている人だと認識して、いい加減な説明をしなくなる可能性が高まります。

昔の人のほうがどこに家を建てるべきか分かっていた

私は新築住宅を建てるための地盤調査を専門としていますが、ときに古い家を建て替えるための現場確認を依頼されるケースがあります。対象となる家のなかには、そもそも地盤調査などまったく行われていなかった時代に建てられたものも多く見掛けます。

ところが、そのような年代物の家のほうがむしろ、なぜかしっかりした地盤の上に建てられている場合が多いのです。おそらくは地盤に関して現在知られているような情報など、一般的にまったく広まっていなかった時代に建てられたにもかかわらずです。

地盤工学にはそれなりの歴史がありますが、学問領域として確立されて広く普及してきたのは、おそらく戦後ぐらいからです。さらに家を建てるときに地盤調査が意識されるようになったのは、今から数十年前からの話で、それ以前は一般には地盤についての専門知識などほとんど広まっていませんでした。

それでも昔の人はどういうところに建てるべきか、あるいはどんな場所に建ててはいけないのかを経験的に理解していたように思います。基本的に木造の家しか建てていなかったからこそ地盤の重要性をしっかり認識していました。間違っても田んぼを埋め立てた土地に家を建てたりはしなかったのです。

やがて第二次世界大戦後の高度経済成長期に入ると、急激な人口増加も相まって、都市部周辺を中心として大量に住宅が建てられるようになりました。戦後まもない１９５０（昭和25）年から10年ほどの間に限れば、年間の新築住宅着工件数は20万戸から多くても40万戸までで推移していました。ところが１９６５（昭和40）年には一気に84万戸と倍増し、１９７０（昭和45）年には１４８万戸とさらに倍増しています。

【図１】新設住宅着工戸数の推移

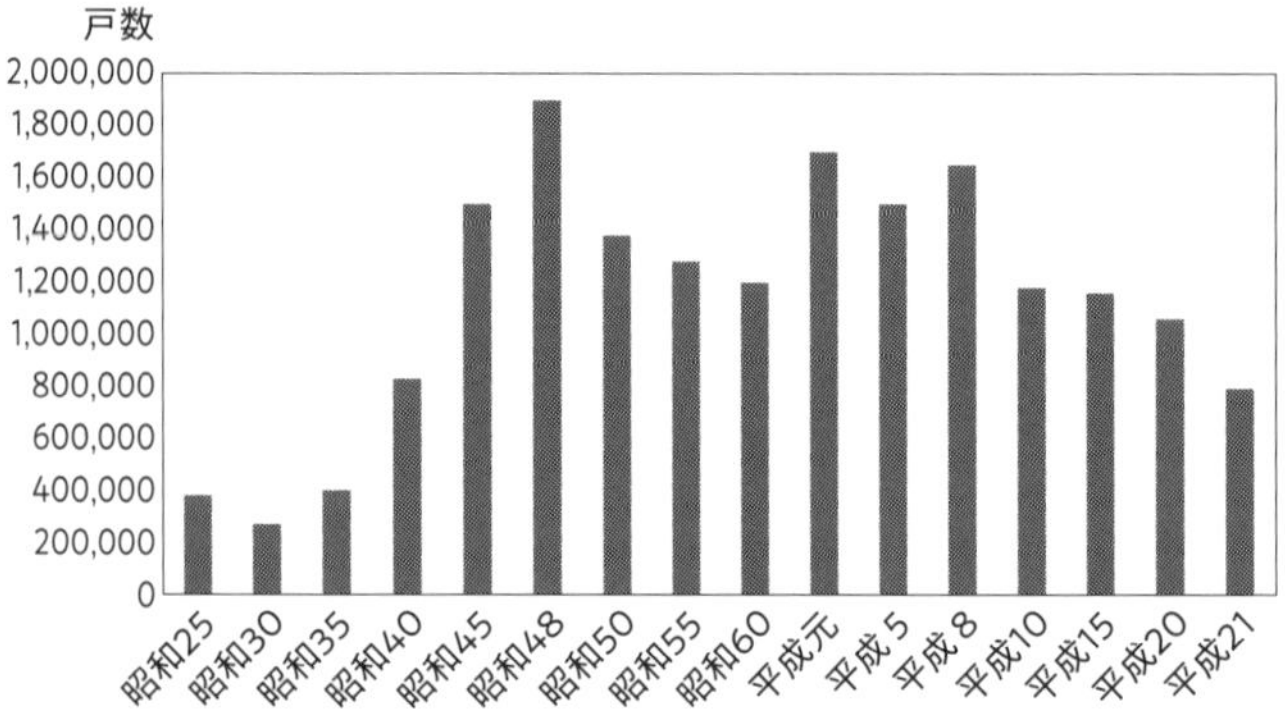

出典：信州木材認証製品センター「地域工務店が造る家の地域貢献度調査事業報告」

そして１９７３（昭和48）年には１８６万戸と史上最高を記録します。ちなみに、この数字はそれ以降いまだに破られていません。それ以降もリーマンショックで不況に突入する２００９（平成21）年までは、年間１００万戸ペースを維持していたのです（「地域工務店が造る家の地域貢献度調査事業報告」信州木材認証製品センター）。

戦後の宅地造成、大規模開発によって地盤が疎かになった

日本は山の多い地形を考えれば、そもそも

平地に恵まれない国です。だからこそ昔の人たちは家を建てるのに適した、ごく限られた場所を経験的に理解していました。おそらく、地名を手掛かりにしていたはずであり、どういう場所に家を建てるべきではないのかといった先人からの知恵も受け継がれていたのだと思います。だから昔の家は、しっかりした地盤の上に建てられていました。

ところが、戦後の住宅新築ブームが始まると、ところかまわず大規模造成が行われるようになりました。かつての水田や畑などの農地を埋め立てたり、山林を切り開いて無秩序に宅地化したりして、片っ端から分譲住宅を建てました。あるいは丘の斜面などを切土と盛土をして、ひな壇状に仕立てることで住宅地に転用したりしています。限られた土地を活用するためには仕方がなかったとはいえ、宅地造成する際に地盤に関する知識がどれだけ広まっていたのかと疑問に思わざるを得ません。

日本では１９５０年代末から大手住宅メーカーによる、工業化された比較的安価な住宅が生産されるようになり、住宅取得資金を融資する金融システムなども整備されていきます。１９６０年代半ばにはマイホームブームが始まりだし、１９７３年には新規住宅の着工戸数が186万戸と戦後最高を記録したのです。

そこで問題となったのが住宅を建てるための土地、より具体的には地盤でした。もともとの地質や地形により、その土地を宅地として利用すべきかどうか、いわゆる地盤としての適性は大きく異なります。ところが日本では土地に限りがあるため、宅地として適していない場所にも住宅が建てられるようになったのです。

仮に住宅建設には最適ではない土地であったとしても、大手住宅メーカーが請け負う場合であれば、それらメーカーは地盤についての見識や地盤を確認する技術をもっています。したがって地盤になんらかの問題がある場合には、それなりの対応策も取っていた可能性があります。けれども、中小の業者の場合はそこまで知見のないケースも多かったはずです。そんな状況のなかで、まさに雨後の竹の子のように建てられていった住宅がやがて問題を起こし始めます。

ただし住宅の場合は、新築に住み始めてすぐに問題が出るようなケースは、さすがにあまりありません。建屋の重みが地盤に影響を与えてなんらかの変化を起こすまでには、それなりの時間が掛かるからです。家の重さは構造によって大きく異なりますが、仮に建坪を15坪ぐらいと想定するなら、木造2階建てで約30トン、鉄骨2階建てなら40トンぐらいになります。これだけの重さが地盤に与える影響はそう簡単には無視できません。

崩落の恐れもあるがけの上に建てられた住宅

地盤の関係する住宅事故では、２０２１年6月に大阪市西成区で起きたがけ崩れも記憶に新しいところです。新聞報道などで目にした、がけの上で家が傾いてしまいまさに崩れ落ちようとしている写真には強いインパクトがありました。

がけの上に建てられた家がいとも簡単に崩落していったこの事故ですが、このような立地に家を建てること、それ自体が１００％悪いとはいえません。日本では住宅地が限られています。そこで少ない土地を有効利用するために、さまざまな立地で宅地造成が行われてきました。

西成のケースでも段丘層の上に住宅が建てられていました。これも少しでも土地を

【図２】がけ条例による規制範囲

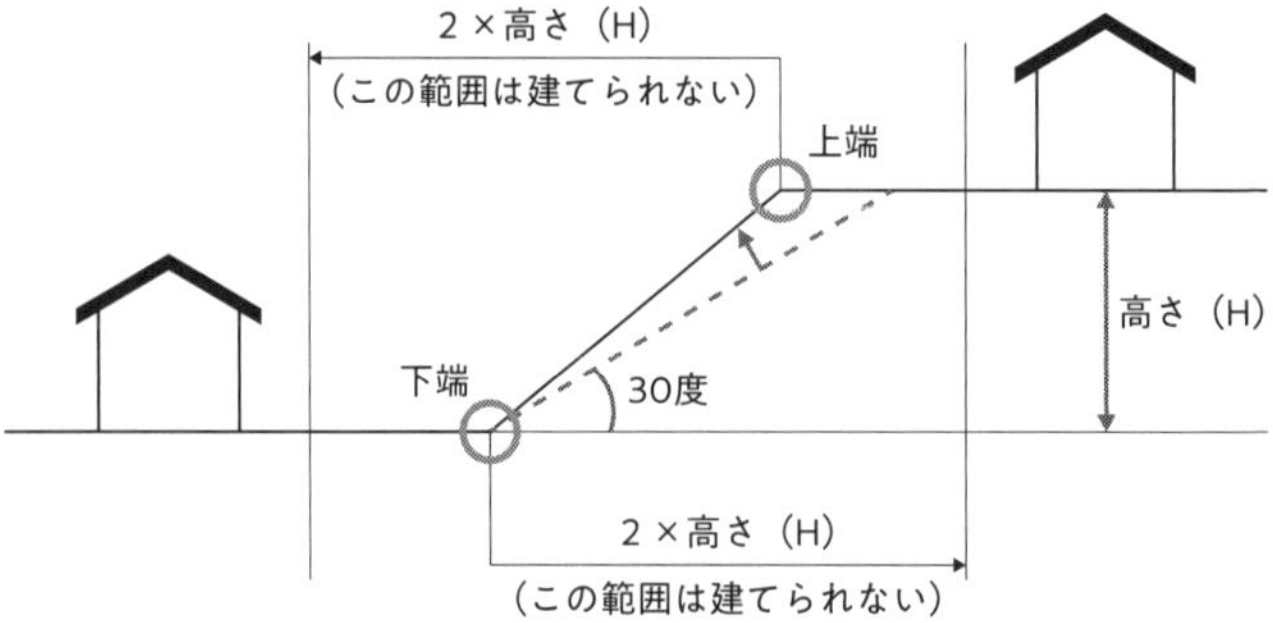

有効活用するための手段です。もちろんこのような立地に住宅を建てる場合には、足元つまり地盤をしっかり固める工事を行うことが大前提となります。

多くの場合このような土地での住宅建築については、法的に「がけ条例」が定められています。敷地ががけに面していて、一定の高さを超えるがけの上もしくは下に建物を建てる場合は、都道府県ごとに定められた条例によって、一定の制限が設けられているのです。この場合の「がけ」とは、一般に30度を超える傾斜のある土地を意味します。

ちなみに東京都では「高さ二メートルを超えるがけの下端からの水平距離ががけ高の二倍以内のところに建築物を建築し、又は建築敷地を造成する場合は、高さ二メートルを超える擁壁を設けなければならない」と定められています（東京都建築安全条例・第6条）。

ただし、がけ条例の内容は自治体によって異なります。西成のケースを見ると、大阪府を特定行政庁とする市町村にはがけ条例はありませんでした。また、「がけ地に関する規定として、『土砂災害特別警戒区域（レッドゾーン）』『災害危険区域』という区域の指定を受けている場合、それぞれ関係規定に適合する必要があります」と大阪府のホームページには記されています。

私が写真を見た限りでは、この立地に住宅を建てるのであれば当然必要と考えられる鋼管杭が打たれていなかったようです。崩れ落ちた住宅が注文住宅だったのか、それとも建売住宅だったのかは不明です。仮に建売住宅だったのであれば、販売した業者は地盤をどのように判断して家を建てたのか分かりません。あるいは注文住宅だった場合には、この土地を購入した施主が地盤にあまり関心をもっていなかった可能性もあります。がけの上であれば、おそらく見晴らしが良いため、その景色の良さに引かれて足元にはあまり注意が及ばなかったことも考えられます。そもそもまさか建物の下の地盤が崩れてしまうなどとは夢にも思わなかったはずです。けれども、地盤こそまさに建物が依って立つ基盤なのです。そして、残念ながら日本では、地盤になんらかの問題を抱えている土地が多い点に注意が必要です。

地盤が資産価値を左右する

注文住宅を建てる、建売住宅を買うことは、いずれにしても人生のなかで大きな買い物となります。それ相当の資金を投じて、資産を手に入れるのです。そのため、より長く、少しでも高く資産価値を保ちたいと考えるのは当然です。

そこで注目してもらいたいのが資産の中身です。多くの人にとって住宅資産といわれれば、土地と建物だけを考えてしまいます。例えば、○○駅から歩いて5分、ショッピングセンターや子どもが通う学校が近くにある好立地で、広さは50坪など、基本的に面積や立地を考えられているはずです。これが土地についての一般的な認識だと思います。

この認識に決定的に欠けているのが地盤です。もちろん明らかな埋立地や傾斜地であれば当然、不動産会社やハウジングメーカーに土地について確認をするはずです。そしてその際の答えはおそらく大丈夫だといわれると思います。

しかし、そこで簡単に納得してはいけません。もう一言突っ込んで地盤はどうなっているかや、地盤調査はしているかと尋ねてみるべきです。あるいは、将来にわたって不同沈下などする可能性はないか、と聞いてみるのも一案です。こちらが「不同沈下」という専門用語を知っていると分かれば、相手の対応が変わるはずです。

なにより、地盤こそが資産の基盤であることを忘れてはいけません。どれほど凝った設計の家を建てたとしても、それが傾いて住めなくなってしまうと資産価値は大きく下がります。

私の会社と取引のある住宅会社の現場監督が自分の家を建てるときには、鋼管杭すなわち地中に打ち込んだ鋼管の杭で建物を支える地盤改良を求めてきます。地盤調査を行った結果から判断すれば、土の中にコンクリートの柱を造って建物を支える柱状改良でも十分だと勧めてもあえて鋼管杭を求めるケースがあります。鋼管杭や柱状改良とは、計画建物の荷重に必要な耐える地盤を固めるための手段のことです。

現場監督は多くの住宅建設現場を見ています。だからこそ安心度の高い鋼管杭を求めるのです。もちろん柱状改良に比べて鋼管杭を打ち込むと、倍ぐらいのコストが掛かります。けれども現場をよく知る者だからこそ、それだけのコストを掛けても十分に費用対効果があると判断しているのです。

高級住宅地で発生した思わぬ地盤トラブル

地盤に関してはほかにも事故が起こっています。東京都調布市の住宅街で、突然発生した地盤沈下と陥没です。突如として生活道路に大きな陥没が起こり、その後の調査では、直径30mにも及ぶ地中内の空洞も見つかりました。東日本高速道路（NEXCO東日本）などが該当地区で、東京外郭環状道路建設のための地下トンネル工事を行った直後の出来事でした。現場付近はNEXCO東日本によって地盤改修のために約2年間の工事が行われることになり、補償があるとはいえ住民は移転を余儀なくされたのです。

この地下トンネルは地下40mよりも深い位置、いわゆる「大深度」で掘られるため、地上に影響が出るなどとはまったく想定されていませんでした。そのため工事を行う際の住民同意なども法的には必要なかったのです。

ところがいざ大深度地下でトンネル工事が始まると、土地の沈下が始まりました。現場視察によれば、電柱が傾いたり家の壁に亀裂が入ったりしている状態などが明らかにされています（日本経済新聞２０２０年12月17日　２０２２年10月２日閲覧）。

地下で工事が始まる前には、こうした現象は起こっていませんでした。そして工事と事故の因果関係は、まだ完全に明らかになってはいません。ただし２０２２年２月28日に東京地裁は、事態の深刻さを考慮し一部区間の工事を差し止める決定を行いました。

その後、ＮＥＸＣＯ東日本は補修工事を行うと発表し、地元への説明会を開催しています。そのため対象範囲に含まれる家屋は解体される見通しです。該当する住宅に住んでいる人にとっては、とんだ災難としかいいようのない事態です。最終的な結論はまだでていませんが、これも一種の人災といえます。

もちろん、このような大深度地下での工事が、頻繁に行われるわけではありません。もとより地盤つまり目に見えない土の下では、何が起こっているのか、あるいはこれから起こり得るのかなどは簡単には分かりません。

とはいえ、ひとたびこのような事態が起こるとその土地の資産価値は大きく損なわれるリスクがあります。逆に考えれば、資産価値とは建物や土地の広さや立地条件だけでなく、地盤までを含めて考えるべきなのです。その土地を扱う業者であれば将来、大深度地下でなんらかの工事が行われる計画を知っている可能性もあります。土地を購入する前にはそれらの情報も確認する必要があります。

地名が教えてくれる地盤の安全性

土地の見分け方について、意外ながらとても参考になるのが地名です。それも最近付けられた地名ではなく、昔から使い続けられてきた地名が有効です。なぜなら昔の人はさまざまな理由に基づいて、特定の土地に名前を付けていたからです。合併などにより最近付けられた地名は、以前の土地の状況を反映しているケースは少なくあまりあてになりません。

昔から使い続けられてきた地名のなかでも注目すべきは、その土地の自然条件を背景として付けられた地名です。具体的には、その地域の地形や地質などに基づく地名、例えば○山、○台、○丘、○林などは、台地などの高い場所を表す場合が多いのです。古くからこうした地名で呼ばれてきた場所は、水はけの良い高台であり地盤が比較的しっかりしていると考えられます。

ただし、新興住宅地にもよく○○台、○○丘などと命名されるケースがあります。この場合は要注意です。住宅地として開発される前の地名を調べてみると、○田や○谷などである場合もあります。こういうケースでは以前の土地が、水田や谷であった可能性も考えられます。つまり、そうした土地を埋め立てるなりして開発された場所であり、その場合は地盤について要注意となります。

ではどのような地名に注意すればいいのかについては、いくつかのポイントがあります。まず「水」や「川」「池」「沼」など水に関連する地名は、軟弱な地盤である可能性が高くなります。同じく水に関係する「さんずいへん」の付いている地名、例えば「洗」「浮」「流」なども要注意です。

また低い土地を意味するのが「谷」「沢」「溝」「窪」などの漢字です。「田」がついていれば水田であり、新しく開発された田んぼであれば「新田」となるケースが多く見られます。

したがって建売住宅を含めて土地の入手を考えるときには、まずその土地の地名を確かめるのが基本です。その際には地名が最近のものなのか、古くから使われているのかまで確認します。不動産会社など土地を扱っている業者に尋ねるだけでなく、できれば自治体の図書館や資料室に足を運んで自分で調べるほか、自治体に問い合わせてみるのも一案です。また法務局の登記簿謄本を取れば、地目の欄に田・畑など土地の用途が記されていることもあります。

いずれにしても、その土地が以前はどんな状態だったのかを確認するのが、家づくりに欠かせない「地盤」を知るための第一ステップです。

第2章

土地の安全性をチェックする

地盤調査や地盤改良の基礎知識

まずは地層と地形を理解する

地盤は地層と地形によって大きく変わります。建築物に関わる地層については、古い時代にできた洪積層とそれ以降にできた沖積層に分けられ、沖積層は1・8～2万年前以降にできた地層で、洪積層はそれ以前の地層です。

建物の地盤としてみれば標高の低い場所に多い沖積層は軟弱であるため、支持力不足や沈下などの問題を起こしがちです。その理由は、主に流水によって運ばれてきた土砂などの積み重ねによってできた沖積層に、水分が多く含まれているためです。

これに対して洪積層は、やや標高の高い台地や段丘、丘陵地などに多く見られます。土の種類は流水によって運ばれてきた土砂に加えて、ロームなど風によって運ばれてきたものも含んでいます。洪積層は安定しているので、小規模建築物の支持基盤だけでなく中規模以上の建築物では杭の支持基盤としても使われています。

地形については、25種類に分類できます。またそのなかでも宅地に関するのは次の12の地形です。これら地形とその特徴を理解しておけば、これから土地の入手を検討

【図３】宅地に関する12の地形

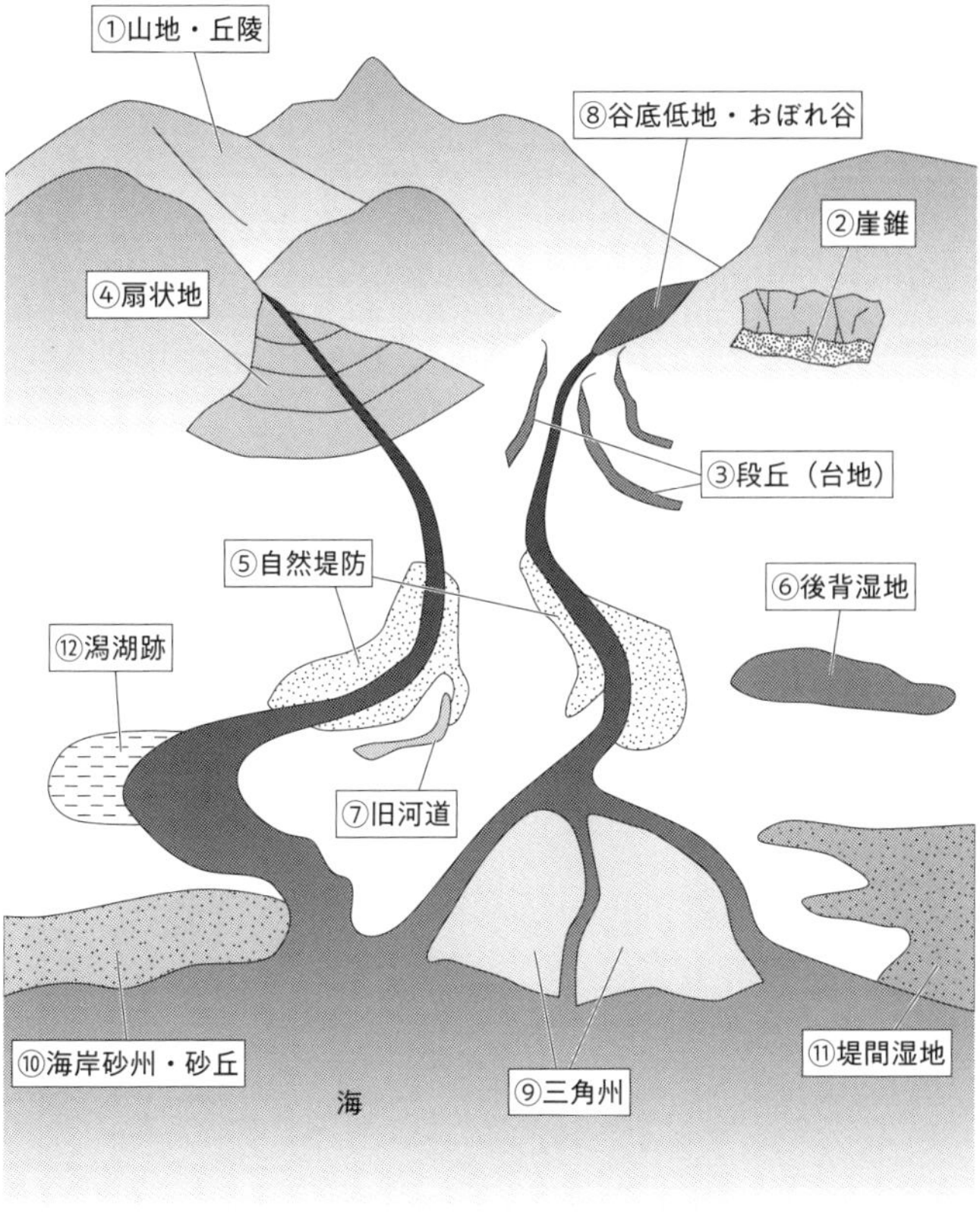

出典：全国住宅技術品質協会「地盤調査標準書」

する際にはとても参考になります。

①山地・丘陵

山地とは標高500m以上の山間部であり、丘陵とはそれより低いなだらかな地形を意味します。基本的に250万年前から1万年前までに相当する更新世以前にできた古い地層からなり、比較的安定しています。ただし丘陵地を造成する場合にはたいてい、傾斜地を削り取る切土と地盤を高くする盛土が行われます。その結果、切土側の地盤は安定しているのに対して、盛土側は沈下する恐れがあるため注意が必要です。

②崖錐《がいすい》

丘陵や山地のがけなどの急斜面の下に、上から崩れてきた岩の塊や土砂が堆積してできた地形が崖錐です。大規模な崖錐地形は比較的緩やかな傾斜地となる場合が多く、造成地として宅地開発されるケースもあります。ただし崖錐では土質の締まり具合の緩い場合があり、特に中腹などを切土するとバランスを崩しやすくなります。また透水性が高いために、大規模な降雨によって地すべりを起こす危険性もあります。

③段丘（台地）

段丘は、海岸段丘と河岸段丘に分けられます。海岸段丘は、海岸沿いに形成された階段状の地形（段丘）です。河岸段丘は、川の流れに沿って形成された階段状の地形です。いずれも土の主成分は礫からなり、地盤は比較的安定しています。また段丘面は平坦であるため、宅地として利用されるケースも多く見られます。

④扇状地

河川が山地から平野にでてくるあたりでは、川によって運ばれてきた砂礫が扇状に広がります。この砂礫がたまってできる土地を扇状地と呼びます。扇状地では地盤が安定しているうえに水はけも良いなど住宅地として適しているため、古くから集落などがつくられてきました。

⑤自然堤防

河川沿いにある周囲より1mほど高い土地を自然堤防と呼びます。洪水などで川から溢れた水によって、川の外側に土砂などが運ばれ堆積してできた土地です。排水性が良く比較的安定した地盤であり、また洪水のときでも少し土地が高いために水に浸かる心配がありません。そのため昔から住宅用地として利用されてきました。

⑥後背湿地

川沿いにできる自然堤防の、川と反対側にある低い土地が後背湿地です。洪水の際に自然堤防を超えて溢れた水がたまるため地盤は軟弱ながら、保水性が高いため水田などに多く利用されてきました。戦後は宅地不足を解消するために、このような土地も盛土をして開発されています。盛土をする際には、しっかり地盤を固めるよう注意する必要があります。

⑦旧河道

旧河道とは、川の流れが変わったために元の川から切り離されてできた地形です。当初は三日月湖となる場合が多く、そこには細かな泥土が多くたまっています。住宅の地盤として使うには軟弱な場合が多く、このような土地を宅地利用する際には、あらかじめしっかりと補強しておく必要があります。

⑧谷底低地・おぼれ谷

山地や丘陵地の谷になった部分や、台地に刻まれた谷になった部分には、雨が降ると水がたまります。その際に運ばれてきた土がたまってできた土地が谷底低地です。おぼれ谷とは、小さな河川の出口が大きな河川の堆積物などでふさがれるようにしてできる地形です。いずれも住宅地盤としては軟弱であり、元の地形に傾斜のあるケースも多くさまざまな問題を起こしやすいため注意が必要です。

⑨三角州

河川が運んできた細かな砂などが海に入ると、河口付近にたまっていきます。そのなかで河川の流れが何本にも分岐し、流れに挟まれるようにして形成されるのが三角州です。標高が低く平坦で、洪水や高潮によって冠水するリスクがあります。地盤は軟弱で、地震の際などには液状化を起こすケースもあるので注意が必要です。

⑩海岸砂州・砂丘

河川によって運ばれてきた砂などが、沿岸の海流によって流され、海岸沿いにたまってできた地形を砂州と呼びます。土質は砂だけで形成されているケースが多く、地盤としては比較的安定しています。一方の砂丘は海岸の砂が風によって吹き寄せられて形成される地形で、砂州よりも標高が高くなります。

⑪堤間湿地《ていかんしっち》

海岸の砂礫が波浪によって陸側に打ち上げられると、海岸線に沿って平行に浜堤《ひんてい》ができます。この浜堤と浜堤の間の湿地を堤間湿地と呼びます。含水量の多い粘土やシルト、有機質土からなり、水田として利用されるケースが多く見られます。

⑫潟湖跡《せきこあと》

潟湖跡とは、砂州や砂丘の後ろ側に広がる湿地帯です。地盤はとても軟弱で、ラグーンと呼ばれて冠水したままの土地もあります。日本では秋田県の八郎潟が有名でしたが水深が浅いために干拓されて水田として利用されました。ただし地盤が軟弱であるため、その後放棄されるケースもでています。都市部に近い場所では大規模な宅地開発の行われているところもあり、その際には十分な地盤対策が必要です。

地形をひととおり理解しておくと、どのような場所が宅地にふさわしいかが分かります。また、昔からある集落などを見れば、なぜそこに人が集まって家を建てたのかが理解できます。一方、土地の購入を考えていてどこかに案内された際はまずその場所のかつての地形を調べます。さらに、そこが山から海へと至る土地の流れのなかで、どこに位置するのか川を参照しながら考えると、その地盤の良し悪しがある程度分かってくるはずです。

家を建てるなら知っておくべき不同沈下と液状化現象

これから家を建てようと考えている人の多くがまず検討するのはエリアや予算、物件についてです。しかし、その前に是非とも知っておくべき地盤に関する用語に「不同沈下」と「液状化」があります。

1つめの不同沈下とは、建物が建てた場所の土壌の中に傾いて沈んでしまうことを意味します。そんなことが起こるのかと思うかもしれませんが、実際に家が土の中に沈んでしまうケースは決して少なくありません。更地の状態ではしっかりしているように見えた土地が実は地下にさまざまな問題を抱えており、上に建物を建てると、荷重の掛かるところ（例えばお風呂がよく設置される家の隅など）や地盤の軟弱な部分から沈み始めます。その結果、家全体が傾いてしまうのです。

2つめの液状化は、2011年の東日本大震災で一気に有名になりました。東京湾を埋め立てて造成された千葉県浦安市の高級住宅街のあちこちで地面から水が噴き出し、住宅の多くが傾くなどの被害を受けたのです。液状化現象による被害も不同沈下と同じように家が傾いてしまったりすることで、戸棚などの締まりが悪くなったり、斜めになった建物で過ごすことで健康上の被害が出たりするようになります。液状化が不同沈下と異なるのは、地震の揺れによって地盤が液体のようにどろどろになってしまう現象だということです。地震に伴う液状化は、２０１６年の熊本地震でも大きな被害をだしました。どろどろになった脆弱な地盤の上に建っている建物が傾いてしまうわけです。

不同沈下も液状化もいずれも建物の地盤に関わる問題です。ところが家や土地が資産として重視されているのに対して、その地盤については、これまであまり意識されてきませんでした。しかし、まさしく地盤こそが住まいという人生でとても貴重な資産を支えるための大切な基盤なのです。

万が一、土地や家を買ったあとにこれらの現象が起きてしまうと、家が傾いたり、最悪の場合は倒壊につながってしまいます。

家が傾くと、具体的にはドアが閉まりにくくなったり、排水溝の水が流れづらくなることも考えられます。壁や柱に異常な負荷が掛かり、ひびが入ったりするかもしれません。建物が傷むだけでなく、そこに住んでいる人の健康にも悪影響を及ぼす可能性があります。

もちろん、不動産としての資産価値も大きく損なわれてしまいますが、資産で損をするぐらいならまだましなほうかもしれません。仮に不同沈下を起こして家が傾いてしまえば住み心地が著しく悪化する恐れがあり、ひどい場合には新たな工事が必要になる可能性もあります。

あるいは液状化を起こしてしまうと、その家に住み続けるのが難しくなるケースも多々見られます。

地盤の問題は天災ではなく、人災

地盤に関する災害は人災であることがほとんどといえます。三省堂国語辞典によると、人災とは「人の不注意などがもとで起こるわざわい」と書かれています。

例えば不同沈下です。最初は確かになんの問題もなかった土地なのに、その一部が徐々に沈み込んでしまう理由は、地盤が建物の荷重に耐えきれなくなったからです。そのような地盤は、目に見えない地下にさまざまな問題を抱えている可能性が高いといえます。

不同沈下は事前に予測できなかったから仕方がないという話ではありません。建てる前にしっかりと地盤調査を行えば、ほとんどのケースは防ぐことができます。そう考えれば、不同沈下は事前調査結果の判断ミスにより発生した人災です。

液状化も同様です。液状化は基本的に地震の発生時に起こります。そして、どの土地が液状化しやすいのかはある程度明らかになっています。直感的に分かりやすいのが浦安の事例のように海などを埋め立てて造成された土地です。

では埋立地そのものがだめなのかといえば、決してそんなわけではありません。液状化しやすい土地はある程度分かっているのだから、できるならそのような土地は避ければいいのです。しかし、利便性や価格などを総合的に勘案して、値打ちがあると感じられる場合もあります。

仮に将来的に液状化が予想される場所であっても事前に地盤に対策を施しておけば、

被害をまぬがれる可能性は高くなります。同じように震災によって液状化の起こった場所でありながら、一般の住宅が被害を受けていてもマンションやビルなどでは何も問題が起きていないケースはよくあります。その理由はマンションなどの建物は液状化も想定したうえで、一般住宅よりも厳しい規制のもとに設計・建築されているからです。

また、豪雨による土砂崩れについていえば、豪雨そのものは天災です。けれども豪雨を想定した地盤対策が取られていれば宅地の被害を抑えられた可能性はあります。

このように、いずれの災害についても人災の側面がかなり強いとの見方ができます。したがって人災をもたらす人、つまりは住宅建設に関わる事業者が不注意などせず、きちんと然るべき調査と工事を行っていれば災害を防げた可能性は高いのです。

不同沈下の恐ろしさ、健康被害や資産価値の低下に

世界で最も有名な不同沈下の事例といえば、イタリアのピサの斜塔ではないかと思

います。この斜塔は、12世紀後半に建設が始まるとほぼ同時に傾き始めたようです。今から800年以上も昔の話ですから、地盤を調べるすべもなく一時は倒壊の恐れもありましたが、今は修復措置が行われた結果、公開されています。

ともあれ地盤が全面的にかつ均一に沈んでいくのであれば、基本的に建物に被害はほとんど生じません。ピサの斜塔も斜めに傾かず、塔全体がまっすぐ沈んでいけば、少なくとも倒壊する恐れはなかったのです。けれども、不同沈下では地盤の一部が沈み込んでいくため、建物が傾いてしまったり変形を起こしたりします。

例えば固いスポンジと柔らかなスポンジを並べて置いたとします。その上に一枚の鉄の板を両方のスポンジ上に掛かるように載せると、当たり前ですが柔らかなスポンジのほうが鉄の重みに耐えられずに沈んでいきます。上から掛かる建物の重みに対して下の地盤が均一に耐えられないため傾くのです。スポンジを地盤に置き換えれば分かるように、これが不同沈下の起こる基本的なメカニズムです。

不同沈下の起こり方には、一体傾斜と変形傾斜の2タイプがあります。

【図４】地下傾斜の形状分類

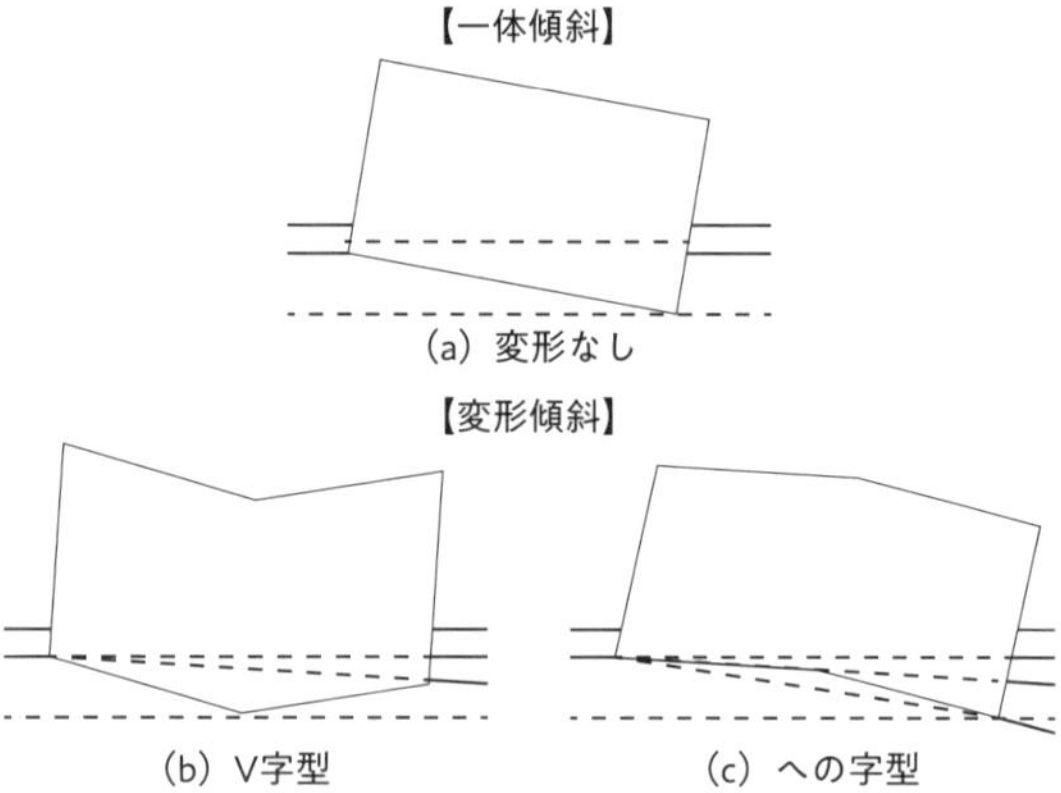

出典：「日本建築学会小規模建築物基礎設計指針、2008－2」

一体傾斜では建物全体が傾きます。一方のＶ字型やへの字型となる変形傾斜の場合は、建物にひび割れなどの障害を起こします。一体傾斜の場合は建物自体への被害はそれほどないとはいえ、万が一、家全体の傾斜角が１０００分の17（水平距離１ｍ＝１０００㎜に対して鉛直方向の変位が17㎜を意味する）を超えてしまうと、そこに住む人の三半規管に影響する恐れがあります。その結果めまいや自律神経失調症を引き起こすのです。こうした健康被害がでてしまうと、そのままではそこに住み続けられない状況にもなりかねません。一方、変形傾斜を起こすと建物の基礎や外壁に亀裂が入ったり、ドアや窓が開きにくくなったりなどの明らかな不具合が生じます。

なにより不同沈下を起こしてしまうと建物はもちろん、その土地に対する評価も大きく下がってしまいます。つまり不同沈下は、資産価値を大きく損ねるのです。

なぜ不同沈下が起きるのか

不同沈下についてまとめられた論文「戸建住宅基礎の不同沈下に関する不具合事象の原因（地盤工学ジャーナルVol.9、No.1、85-92）」を参考に不同沈下の原因を大きく5つに分けた場合、左のようになります。

1 既存の地盤や宅地にするための造成に問題があった
2 隣の土地に別の人が家を建てるなど工事の影響を受けた
3 設計時に地盤への荷重を考慮していなかった

4　盛土、擁壁、基礎などの施工に不良があった
5　そもそも地盤調査をしていないか、調査に問題があった

1の宅地に関する問題については、さらに細かく盛土荷重・軟弱地盤・地盤変形・擁壁・転圧不足・盛土不適合・地盤傾斜に分けられます。このうち、そもそもの地盤に問題のある軟弱地盤は、全体の20％です。つまり宅地で問題が発生する理由の8割は、造成のやり方にあると考えられます。

2の近隣工事が原因となる事例は、トラブル全体の4％と割合は高くありません。ただ近隣との間で発生するトラブルであるため、その場所にずっと住み続けるのであれば、ご近所付き合いなどに関わる深刻な問題となりかねません。近隣工事により不同沈下を起こす原因は工事による隣地の荷重変化によるものと、隣地の工事そのものの2つに分けられます。例えば隣接地で大量に盛土が行われると、その重みで隣の地盤が沈み、それに伴って地盤が傾いてしまうようなケースがあります。一方、隣地で掘削工事が行われると、こちらの地盤の壁面が圧力に耐えきれなくなり傾いてしまう

ケースもあります。

3の設計に関するトラブルの7割は、設計時に地盤をきちんと考慮していないために起こっています。具体的には盛土荷重や建物荷重をきちんと計算していなかったり、建物のどちらかが重くなったりするような設計により偏在荷重を地盤に掛けてしまった結果、不同沈下を起こしてしまうのです。いずれも設計時に構造計算をきちんとしておけば、防げた可能性が高いと考えられます。

4の施工については、盛土、擁壁、基礎、地盤改良、建築物の施工不良が原因です。例えば宅地造成された土地全体に広域に盛土が行われていた場合であれば、その盛土がしっかりと固められず軟弱地盤になっていると不同沈下を起こしてしまうのです。

5の地盤調査については、まず過去に行われていた調査法の多くがスウェーデン式サウンディング試験（現在のスクリューウエイト貫入試験＝SWS試験）でしたが、そこで発生した問題の約6割が調査不足です。調査不足の原因は、調査ポイントの不足や不適切な調査位置などが想定されています。

このように不同沈下が発生する要因を細かく見ていくと、実はいずれの問題も防げる可能性があることが分かります。具体的な防御策としては、まずはしっかりとした地盤調査の実施が大原則です。地盤調査を行う際は、当然近隣の様子もしっかり確認する必要があります。近隣も含めて地盤の状態を正確に把握できれば、どのように造成すれば不同沈下を防げるかが明らかになる可能性が高いのです。地盤を正確に確認し、問題がある場合には地盤改良を行う前提で設計に取り掛かり、構造計算も行っていれば偏在荷重などの問題も防げるはずです。特にこれから敷地を見つけて注文住宅を建てようと考えている人は、次の点に注意が必要です。

・そもそもの地形を確認しておく
・将来的に近隣で工事などが行われないか確認する
・地盤調査をしっかりと行い、可能なら土質も調べておく
・地盤の状況を踏まえたうえで、建築士には構造計算も依頼する
・盛土などが必要な場合は、しっかりと固めてもらう

不同沈下を防ぐための地盤調査

不同沈下が新築住宅の問題として強く認識されるようになったのは、新築ブームが始まって15年ぐらいが経過した頃からです。この問題を契機に注目されるようになったのが地盤調査の重要性です。こうした流れを受けて、早くから地盤調査業務を手掛けるようになった企業があります。１９９０年に住宅設備の保証会社として設立されたアメリカンホームシールドジャパンです。同社は１９９３年から住宅の品質確保の一環として地盤調査事業を行うようになります。さらに２００１年にジャパンホームシールドへと社名を変更しました。

この間の地盤に関するエポックメイキングな出来事としては、１９９５年に起きた阪神・淡路大震災があります。地震による衝撃的な被害を多くの国民が目にした結果、国も動かざるを得なくなり「建築基準法」が改正され、耐震基準が強化されました。

ただし地盤調査の必要性については、徐々に認識が高まっていったものの、調査と保証がセットで考えられるレベルにまでは達しませんでした。

続いて2000年に「住宅の品質確保促進等に関する法（品確法）」が制定されます。なかでも重要なのが、新築住宅に関する10年間の瑕疵担保期間の設定です。瑕疵担保の対象となるのは、住宅の基礎、基礎ぐい、壁、柱など住宅の構造耐力上主要な部分と、屋根や外壁など雨水の侵入を防止する部分です。完成引き渡しから10年以内に、これらの部分のどこかで工事不良や欠陥などの瑕疵が見つかった場合には、施工会社などの売主が無償補修をしなければならないと定められたのです。

この法律は住宅業界に大きな影響を与えました。なによりもまず最低10年間は瑕疵などの発生しない家を造らなければなりません。そのためには、建築前に不同沈下などを起こさない地盤であることを確認する必要があります。つまりこの品確法の施行により地盤調査が家づくりの際の必要条件であり、ごく一般的な作業として認識されるようになったのです。

さらに調査だけでなく、調査を行うからにはそれに対応する保証の問題もでてきます。そこでジャパンホームシールドのような地盤保証会社が、調査と保証をセットで請け負う仕組みが整備されていきました。

【図5】アンダーピニング工法

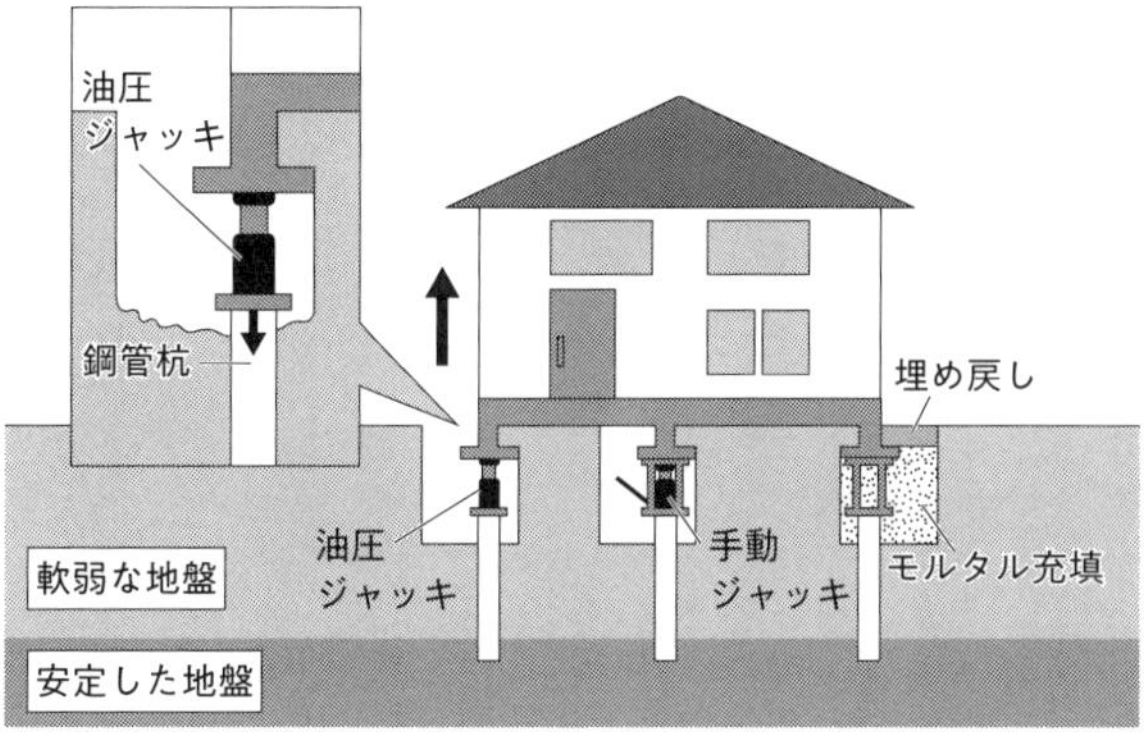

万が一、不同沈下を起こしたときの対処法

このように地盤の重要性を理解すれば、家を建てたり建売住宅を購入したりしたあとに、不同沈下事故に遭遇する可能性はほぼゼロだと思います。ただし万が一、不同沈下を起こしたとしても修復不可能というわけではなく、沈下状況によっては修復は可能です。沈下を修正する方法としては、アンダーピニング工法、土台上げ工法、薬剤注入工法などがあり、工期は最短で1~2週間、最長でも6週間程度です。ただし工事費は安くても200万円ぐらい必要となり、沈下の程度によっては1000万円ほど掛

【図6】土台上げ工法

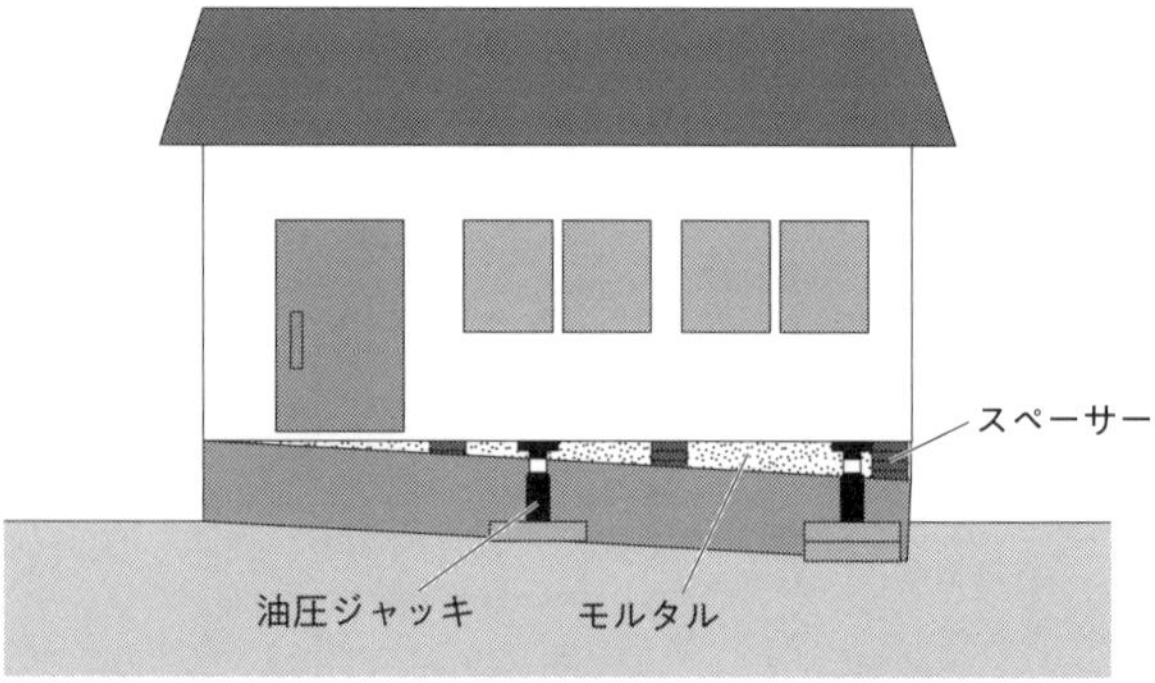

かるケースもあります。万が一、不同沈下を起こした際の費用を考えれば、費用を掛けてでも地盤調査・地盤改良工事を行っておくメリットは十分にあります。

〈アンダーピニング工法〉

基礎の下を掘って作業スペースをつくり、建物の下に短い鋼管杭を設置していく工法です。建物の下にジャッキを入れてもち上げてから、その重さを利用して必要な本数の鋼管杭を継ぎ足しながら支持層まで圧入して、建物の傾きを水平に戻します。最後は土を埋め戻してから、モルタルなどを注入して隙間を埋めておきます。工事期間中も基本的には、その家での生活を続

【図版7】薬剤注入工法

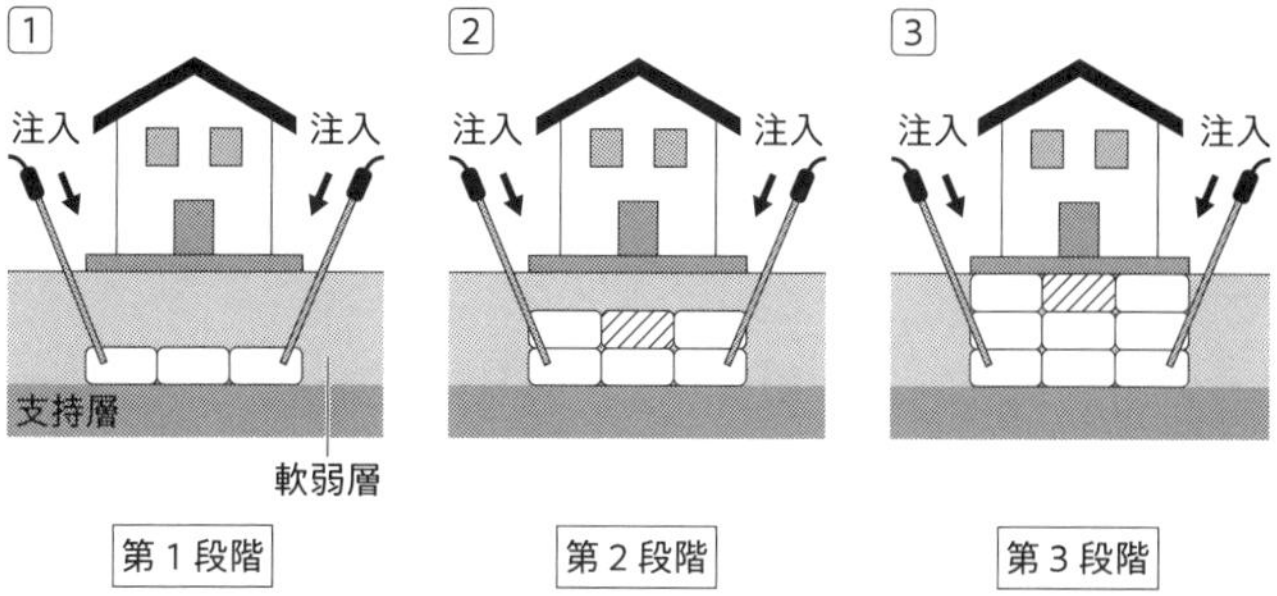

けられます。

〈土台上げ工法〉

地盤そのものには手を入れず、建物の基礎だけを修復する工法です。建物と基礎をいったん切断し、建物を油圧ジャッキでもち上げて補強用のモルタルを基礎と建物の間に充填します。地層の上層部だけに手を入れるので、工事期間中も引っ越しは不要です。

〈薬剤注入工法〉

地盤に特殊な薬液を注入して、地盤を固める工法です。掘削工事などが不要であり引っ越しも不要、工期の短さや費用を安く抑えられる点などがメリットです。ただし、土の質と合う薬剤の選択や注入量の適切なコントロールなどが注意事項となります。

建設業界を揺るがせた構造計算書偽造問題

2005年、1月20日の新聞記事により「構造計算書が偽造された川崎市と船橋市のマンションについて、自壊する恐れがあることが国土交通省の長期応力度の調査の結果判明した」と報道されました（読売新聞11月20日 朝刊）。

これはのちに「耐震偽装事件」と呼ばれてマスコミなどでも取り上げられ、特にマンションやホテルなどについて耐震強度の不足などが大きな問題となりました。耐震偽装の対象となったのは、あくまでもマンションやホテルであり戸建の住宅ではありません。しかしこの事件をきっかけとして、そのようなケースが起こり得ること、その際には問題が大きくなることへの対応策が求められるようになりました。すなわち一般の住宅においてもなんらかの問題が発覚した場合に、住宅事業者が十分な責任を負えなくなるケースの発生です。

　こうした状況を踏まえて2007年に、住宅取得者の利益を守るための「特定住宅瑕疵担保責任の履行の確保等に関する法律（住宅瑕疵担保履行法）」が成立します。これを受けて2009年以降、住宅事業者はなんらかの保険に加入して十分な修理費用をまかなえるだけの裏付けを整えたうえで、新築住宅を引き渡す制度が整えられたのです。

　こうして一連の制度整備が進められると、地盤保証に対する注目度も高まり、地盤保証会社がいくつか創設されました。また、地盤調査に対するニーズも認識されるようになり、地盤調査を請け負う企業もでてきました。

　ただし、ここで一点注意が必要です。仮に新築住宅を引き渡してから10年以内に不同沈下などの問題が起きた場合は、保険による修復が可能であるというのが保証制度の内容です。つまり、地盤調査になんらかの不備があってのちに問題を起こしたとしても、10年以内であれば保険が利くため大きな問題とはならない、そんな無責任な認識がごく一部とはいえ生まれてしまったのです。その結果がのちに地盤調査についてのとんでもない問題につながります。

地盤調査会社による調査データ偽造事件

2021年、四国のとある地盤調査会社が評価報告書を公表しました。報告書には同社の元社員が地盤調査において行った不正行為について、第三者を交えた検証結果が記されていました。

これを読むと、同社のある社員が担当した地盤調査について調査件数202件中76件で不正が見つかったと報告されています。具体的な不正内容は、地盤調査時に必要な調査を怠り、不足する地盤調査データをほかで行った地盤調査データを流用することで補い、地盤調査データそのものを捏造していたということでした。地盤調査は実際に行っているものの、地盤調査報告書作成時のソフトにより地盤調査データ（調査貫入深さや荷重、半回転数）を書き換えて、地盤調査を適切に行っているように見せていた、と記されていました。

一般にはあまり知られていないかもしれませんが、この事件は地盤調査業界に大きな衝撃を与えました。もちろん、このような偽造が許されるはずもなく、調査員の資質や教育はもとより、そもそも偽造の余地のある調査システム自体にも問題があると考えられます。本来の地盤調査とは、偽造などの問題を防ぐために行うものです。

このような偽装が起こった問題の根源は、地盤調査を請け負う事業会社の体制にあります。

地盤調査の費用は、SWS試験で5万円程度です。つまり事業会社としての売上単価は、それほど大きくありません。しかし事業の勢いや売上を伸ばすために受注量を増やし、1人の調査員に対して1日に4～5件の作業ノルマを与えるところもでてきます。

けれども、敷地の広さに左右されるとはいえ四隅と中心部の5カ所で地盤調査をするとなれば、それなりの時間が必要です。これを1人で1日に5件やろうとすれば、各敷地あたりの調査箇所を減らすしかありません。とはいえ契約では5カ所となっているため、調査したところのデータを調査していない場所のデータとして流用するケースも考えられるのです。そのため、私の会社では作業員1人あたりの調査数は2件に設定しています。

これは実際にあった話ですが、他社で地盤調査に携わっていた人が調査員募集に応募してきました。面接をするなかで1日あたりの調査件数を尋ねられたので「うちは2件です」と答えたら、びっくりしていました。そのため、きちんと調査できていたのかどうかを追及すると言葉を濁していました。

もちろん、このようなケースはごくまれにしか起こらないものだと考えています。しかし、人が関わる限り起こり得るケースであることは確かです。

これを避けるために資格試験を行い、またデータのやり取りについてはインターネットを活用して人が関わる余地をなくす方法を取り入れています。

資産価値を保証するための地盤調査

私が理事長を務める全国住宅技術品質協会が発行している「住宅の安全・安心のた

めの地盤調査標準書」は地盤調査について知るのに役立ちます。

そもそも地盤調査の目的は、住宅などの建設予定地の地盤の状況を知り、特に不同沈下の原因となるような要素についての情報を得るためです。そのため調査は、事前調査と現地調査の2段階に分けて行います。

まず事前調査では、基本事項の確認と資料調査、さらに現地踏査を行います。基本的には資料による調査を行い、現地で予想される問題点をあらかじめ想定しておきます。そのうえで実際に現地に行ってみて、周辺状況を確認します。

事前調査は専門家でなくとも実施できる項目が含まれているため、自分でもできる限りの調査を行う必要があります。

自分が手に入れようとしている土地の地盤を、自分で調べてみるのです。もちろん専門家ではないため、完璧な調査などは望めないし、すべてを行う必要もありません。しかし、土地に対する関心をもてば、そうした姿勢が自然に確かな情報の入手へとつながっていきます。また知識をもっていれば、不動産会社や住宅メーカー、建築士などと交渉する際にも有効です。事前調査は大きく基本事項の確認、資料調査、現地踏査の3つに分けられます。

〈基本事項の確認〉

1　地形や地盤の特徴を理解しておく

2　表層の地質を判断し、地層構成を想定する

3　地盤の特徴や既往資料から、取り扱いに注意を要するような特殊土層がないかどうかを調べる

基本事項に関して、少なくとも現状の地形については自分なりの判断ができるはずです。大切なのは、その先です。すなわち手に入れようとしている土地の現状から過去を想像し、そこが本来はどのような地形だったのかをまわりの様子や地名などを手掛かりに調査します。

〈資料調査〉

1　既往資料（土地条件図、表層地質図、地形図など）より、地盤状況（土質、地層、強度、地下水位など）を調べる

2　過去に近隣で行われた地盤補強工事の有無や、施工例について調べる

3　地名、植生などから地域の特性を調査する（ただし、地名は市町村合併などにより一致しない場合もあるので、そのときは旧町名などを調べる）

4　地震など、地盤災害の危険性について調べる

5　航空写真や古地図などにより、敷地の履歴などを調べる

※やや専門的になってきますが、土地の地図と航空写真については、国土地理院が撮影したものを購入できます。

・ネットショッピング／日本地図センター
・通信販売／日本地図センター
・地図販売店

〈現地踏査〉

1　周辺家屋や道路などの異状（不同沈下や変形など）の状況から、地盤沈下の危険性を調べる

2　切土、盛土などの造成形態から、不同沈下の危険性を調べる

3　造成時期や、今後の新たな盛土予定を調べる

4　施工性を検討する

5　障害物などを把握する

地盤調査は資格をもつプロの仕事

資産価値を守る地盤調査は、誰もが簡単にできるものではありません。当然、必要な知識を学び、確かな知識を身につけていると確認され、資格を与えられた人によって行われる必要があります。

全国住宅技術品質協会では、宅地地盤調査と地盤補強工事に関する資格試験を行っ

ています。これは住宅建設において重要かつ専門的な業務である地盤調査と地盤補強工事について、必要な知識と技術を備えた調査員、設計者、施工管理者を養成し、技術と品質の向上から不同沈下などのトラブルの未然防止を図るためのものです。

なかでも宅地地盤調査に関する資格は、安全・安心な宅地地盤を提供するために必要な知識と技術を習得し、試験合格を協会で認定するものです。試験合格者は宅地地盤調査主任として、住宅の地盤調査業務と調査報告書の作成を行います。

この資格には有効期間が設定されており、資格取得年度から5年間としています。資格取得年度から5年を経過した場合には、更新講座の受講により資格を更新できます。

地盤調査に関してはほかにも、地盤品質判定士協議会による地盤品質判定士制度もあります。いずれにしても、地盤を確認する調査の質を保証するために創設された制度であり、これらの資格をもつ者が地盤調査のプロといえます。

プロが行う調査概要１：資料調査

資料調査は地図資料と既存の地盤調査資料、さらに造成資料を基に行います。

地図資料で参照するのは地形図、旧版地形図、土地条件図、地質図、空中写真、治水地形分類図です。

①地形図

地形図には等高線や土地の利用状況が示されています。等高線の密度からは地形の傾斜を読み取れます。特に等高線の間隔が急に変化しているところは傾斜変換点と呼ばれていて、これを境に土質が変わっているケースが多く見られます。なかでも注意すべきは、次のような特徴によって示される軟弱地盤です。

・地表面の傾斜が極めて小さくかつ平坦であるため、地形図では等高線がほとんど

ない、もしくは間隔が粗くなっているところ

・付近にある河川、湖、海などの水面と標高がほとんど同じか、いわゆる天井川など地盤沈下のために水面より低くなっているところ

・古い集落や街道などがなく、水田や低湿地などになっているところ

②旧版地形図

旧版地形図とは、国土地理院に保存されている過去の土地の履歴が時系列に詳細に記録されているものです。これを見れば地形の変遷が分かり、地盤の硬軟を示す指標としても使えます。

③土地条件図

土地条件図とは、国土地理院が発行している地形分類（山地、台地、段丘、低地、水部、人工地形など）を示した図です。この図からは土地の成り立ちや災害に対する危険度に関する情報を入手できます。

④地質図

地質図とは、文字どおり大地の性質を表す図であり、産総研地質調査総合センターが提供しています。これを見れば、表面の土の下にどのような種類の石や地層が分布しているかが分かります。

⑤空中写真

空中写真は国土地理院によって提供される、測量を目的とした航空機からの撮影写真です。これを見れば広域にわたって、地形の傾斜や起伏など詳細な地形の情報や植生情報が得られます。

⑥治水地形分類図

治水地形分類図は、国土地理院によって提供される、一級河川の流域のなかでも主に平野部を対象として、扇状地や自然堤防、旧河道、後背湿地などの地形分類を示した図です。これを見れば水害や地震災害などのリスクを推定できます。

既存の地盤調査資料（地盤図）とは、例えば産総研の地質調査総合センターが提供する都市域の地質地盤図のように、都市平野部の地質地盤情報を表すものです。産総研のデータは、ボーリングデータなどを基に地層の分布を3次元解析して作成されています。これを見れば、土質やN値（土地の締まり具合や強度を求める基準値）、地盤の液状化の可能性、沈下の可能性などを評価できます。

造成資料には、宅地造成計画図、切盛土図、擁壁図、現況測量図などがあり、盛土の層の厚さや土質などを調べる参考となります。

ほかにも下記のようなデータが参考になります。

・全国地質調査業協会連合会「地質関連情報ＷＥＢ」

・国土地盤情報検索サイト「ＫｕｎｉＪｉｂａｎ」

・関東地質調査業協会「大地の解体新書」
・国土地理院「明治期の低湿地データ」
・国土交通省「ハザードマップポータルサイト」

プロが行う調査概要2：現地踏査

対象となる土地周辺の住宅や道路などを調べて、不同沈下などの異常が起こっていないかなどの現状確認を行います。確認するポイントは以下のような内容です。

・電話線や電線などの異常、電柱の傾き方
・前面道路の異常
・陥没や湧水、井戸跡など地表の状況
・変形や損傷しやすい箇所、異常の起きている箇所
・擁壁がある場合は、その種類や高さなど

・給排水装置やガス栓など地中埋設物

例えば電話線や電線が、妙に垂れ下がったりしていないかどうかを見ます。電柱が微妙に傾いていると、電線などの張り具合が均一ではなくなります。道路で注意するのは、割れ目や盛り上がりなどです。このような異変が起こる原因は、その下の地盤にあります。陥没や湧水は地下水脈との関係があり、井戸跡はその地下に水がある可能性を示しています。

ほかにも近隣の住宅の変形や損傷、異常なども要チェックです。もし壁面に亀裂などが入っていれば、その家は不同沈下を起こしている可能性があります。つまり、そのあたりの地盤がなんらかの問題を抱えている可能性が疑われます。擁壁も同様で、特に傾きなどを確認しておきます。

プロが行う調査概要3：地盤調査

2000年に建築基準法が改正され、その施行令の第三十八条と第九十三条に次のように記されるようになりました。

・第三十八条
建築物の基礎は、建築物に作用する荷重及び外力を安全に地盤に伝え、かつ、地盤の沈下又は変形に対して構造耐力上安全なものとしなければならない。

・第九十三条
地盤の許容応力度及び基礎ぐいの許容支持力は、国土交通大臣が定める方法によって、地盤調査を行い、その結果に基づいて定めなければならない。

これを受けて国土交通省告示第1113号には、具体的な地盤調査の方法や地盤の許容応力度を定める方法などが記されています。地盤調査方法にはよく用いられるスクリューウエイト貫入試験（SWS試験：旧名称・スウェーデン式サウンディング試験）、スクリュードライバー・サウンディング試験（SDS試験）、標準貫入試験などいくつかの種類があります。

①スクリューウエイト貫入試験（SWS試験：旧名称・スウェーデン式サウンディング試験）

旧名称のスウェーデン式サウンディング試験から分かるように、スウェーデンで開発された地盤試験法です。もともとスウェーデンでは電車線路を敷設する際に、地盤が安定していないため線路が波打つなどの問題が起こっていました。そこで地盤の安定度を調べるために開発され、スウェーデン国有鉄道によって採用されたのが、この試験法です。これが建設省（現・国土交通省）によって、当初は堤防の地盤調査用として導入され、1950年代の半ば頃から活用されるようになりました。この試験では、地表面から深度約10mまでの土の固さや締まり具合を判別します。2020年10月の工業規格改定により、現在のスクリューウエイト貫入試験へと名称変更されまし

【図８】スウェーデン式サウンディング試験

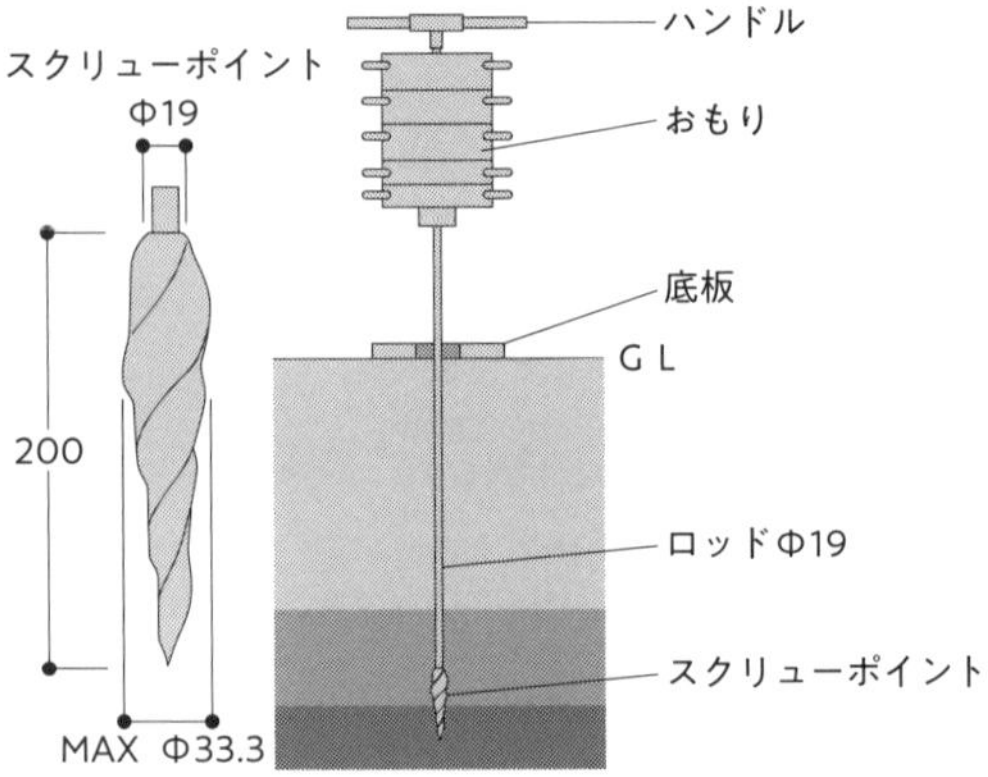

た。

試験装置は先端にスクリューポイントを付けたロッド（鉄棒）、おもりを載せるクランプ、回転装置などで構成されます。動作方法には、手動式、半自動式、全自動式があります。

試験法はまずクランプに10kgもしくは25kgのおもりを載せて、先端のスクリューポイントを地盤に貫入させていきます。地盤が軟らかい場合は、おもりを載せただけで土の中に沈んでいきます。沈まなくなれば、おもりを継ぎ足していきます。おもりはハンドルの重さも含めて最大１００kgとなります。

おもりを１００kgに増やしても貫入しなく

なった段階で、次はハンドルを回転させて貫入します。ハンドル回転は半回転ずつとして、回した回数を記録します。

手動式はすべての操作を手動で行い、半自動式は回転だけを自動で行います。全自動式は回転、載荷、試験記録のすべてを自動で行います。最終的に載せたおもりの重量とハンドルの半回転数により、地盤の固さを推測します。

・荷重：ロッドに載せたおもりの荷重。荷重は0・05kN（おもりを載せていない段階でハンドルだけの重さを意味する）、0・15kN（10kgのおもりを載せた段階）、以下は載せるおもりを増やしていき0・25kN、0・50kN、0・75kN、1・00kNの6段階。

・半回転数：おもりを1・00kNまで増やしても貫入しない場合は、ハンドルを回転させて貫入させる。その際にロッドを25cm貫入させるために要した半回転数。

・貫入深さ：測定深度、25cmごとに表される。

・1mあたり半回転数：1m貫入させるために要した半回転数。この数値が大きいほど、締まった地盤である。ただし土中にガラなどが含まれていた場合にも、この数値は大きくなるため、貫入状況を確認する必要がある。
・記事（音・感触／貫入状況／推定土質）：ロッドが貫入していく際の音や感触、自沈する際の状況、これらから推定される土質など。

この試験により荷重1・00kNの状態（＝おもりを100kg載せた状態）で25㎝貫入させるために必要だった半回転数を換算N値と呼びます。本来のN値とは、地盤の強さを表す値であり、この値が大きいほど固くて強い地盤を意味します。この本来のN値は標準貫入試験によって求められます。

標準貫入試験は別名ボーリング調査とも呼ばれ、測定用の鉄棒器具の先端に取り付けた63・5kgのおもりを、76㎝の高さから自由落下させる試験です。土中のサンプラーを30㎝貫入させるまでに要した打撃の回数が「N値」です。

これに対してSWS試験によって得られる「換算」N値とは、本来のN値に相当する大まかな数値を示すものであり、日本の住宅向けだけに行われている特殊な換算値です。ただし、日本ではこの換算N値によるデータを基準として地盤を判断してきました。その実績が積み上がっているため、地盤調査を行うには十分に信頼できる指標となっています。

またデータの人的計算ミス等を防ぐためには、全自動式で試験を行うのが望ましく、さらにはデータを収録時点でサーバーに転送すれば改ざんの余地がなくなります。

SWS試験の長所と短所をまとめると次のようになります。

〈長所〉

・狭いところでも、ハンドルが回せるぐらいのスペースがあれば調査可能である
・器具類がボーリングに比べ軽量で、コンパクトなので、傾斜地や段差のある場所でも調査可能
・ほかの地盤調査法と比較して調査時間が短く、費用が安価である
・土の強さを深度方向に連続して測定でき、地盤の硬軟度合や締まり具合の変化が分かる

・調査ポイントが多く取れるので、敷地全体の地盤の変化をとらえることができる

〈短所〉
・土のサンプリングを伴わないため、正規な土質判別ができない
・盛土されている場合、その中に大きな礫やガラが含まれているとそれ以上貫通できず、盛土より深い地層の調査ができないことがある
・礫やガラとの間で摩擦が起こるため、地盤の固さを過大評価することがある
・固く締まった地盤に達すると貫入不能となり、その先の層厚を確認できない
・深度が増すと、ロッドの摩擦抵抗やロッド重量が試験データに影響するため信頼性が低くなる

②スクリュードライバー・サウンディング試験（SDS試験）
スクリュードライバー・サウンディング試験とは、SWS試験の短所を補ったうえで、さらに進化させた新しい調査方法です。全自動のSWS試験機にSDS試験ユ

ニットをセットして試験を行います。

この試験により計測されるデータ項目は、荷重、トルク（最大、最小、平均）、ロッドの回転速度、ロッドの半回転数、貫入深さ、貫入量です。これらにより地盤の土質をSWS試験より正確に判断し、的確な地盤評価を行います。

例えばSWS試験では土質を「ジャリジャリ」や「ガリガリ」などの音を調査員が聞いて推定していました。これに対してSDS試験ではトルクなどのパラメータや地形条件、近隣データなども参考にしながら、土質の推定精度を高めています。

具体的には、ローム、砂質土、粘性土、腐植土、盛土などのデータが基幹システムに蓄積されており、これらのデータを基にSDS試験により得られた現地データを比較し、その土質を多角的に解析します。その結果、SWS試験では強い地盤と判断されていたけれども、実際には腐植土を含んでいて地盤強化の必要なケースや、逆にSWS試験では軟弱地盤と判断されていたにもかかわらず、実際には強度のあるロームであると分かり不要な地盤改良工事をしなくて済んだケースもあります。

このように土質が正確に分かれば、過小設計による地盤事故を防げる一方で、過剰設計による本来なら不要な地盤改良コストの削減も可能となります。さらにSDS試験に併せて地下水位の測定まで行えば、その土地の液状化リスクも把握できます。

〈長所〉

・SWS試験での計測データ（荷重）に加えて、1回転の沈下量、回転トルクなどをきめ細かく測定できる

・基幹システムのデータを参照して、土質を解析できる

〈短所〉

・SWS試験と比べて調査期間が長くなり、調査費用も高くなる

③標準貫入試験

N値を計測する標準貫入試験は、ボーリング調査によって行います。ボーリング調査とは、地面に穴を掘り地盤の状況を調べたり、サンプル採集によって土質を調べた

【図９】測定ポイント

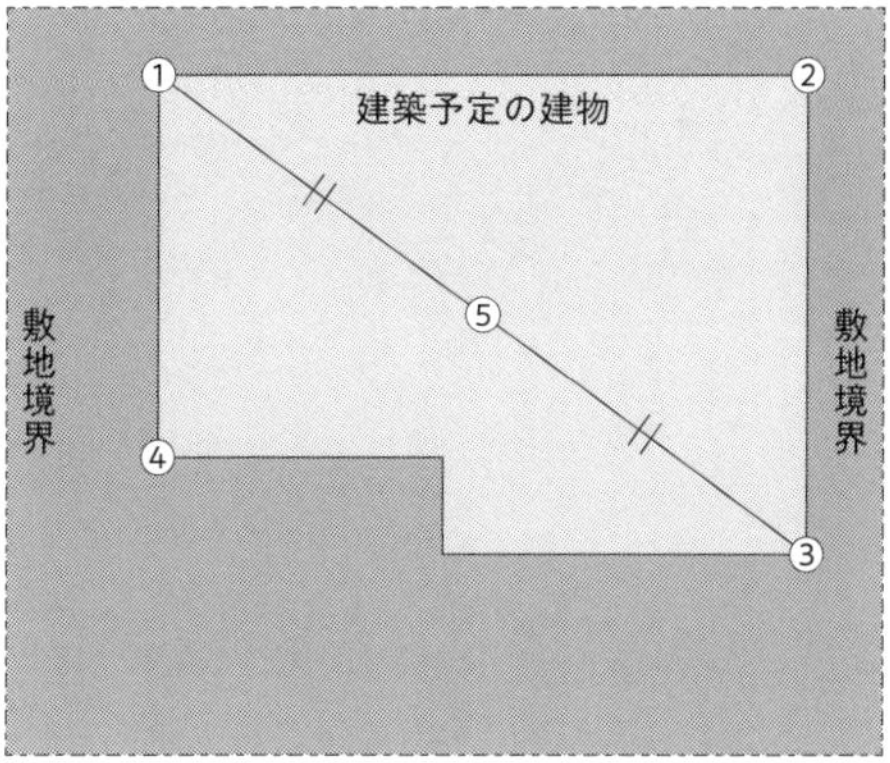

りするために行います。

具体的には地面に円筒形状の穴をあけ、深さ１ｍごとに標準貫入試験を行いながら、土のサンプルを採取していきます。その結果、土質とその強度を判断します。

ボーリング調査は、マンションやビルなどの大型建築物の建築時や公共工事を行う際に地盤を確認するために行われます。専用の器具や機材を使って行われるので、正確なＮ値を測定できます。また土質についてもサンプルを採取するため、液状化の判断もより正確に行えます。

一般住宅でボーリング調査を行う場合はコストを抑えるため、敷地の四隅をＳＷＳ試験で確認しておき、敷地の真ん中でボーリング調査を行うケースがあります。これにより、より正確に地盤を判定できるようになります。ただし現状ではボーリング調査を請け負える企業や職人が減少傾向にあり、調査を依頼してもすぐに実施してもらえないケースが増えています。実際、ボーリング調査の重要なポイントとなる、土質サンプル採取を正しく行うためには、それなりの職人技が必要となるため、技術継承の問題が懸念されています。また調査コストも、SWS試験やSDS試験と比べると高くなります。

そのため住宅用の地盤調査については、敷地の四隅をSWS試験で行い、真ん中でSDS試験を行うケースが増えています。いずれも全自動式により、さらに試験データは測定と同時にサーバーへ転送して正確性を担保するやり方が普及しつつあるのが現状です。

〈長所〉

・土質のサンプルを採取できるので、各地層の強度や地下水位など幅広く精度の高い

調査結果を得られる

〈短所〉

・高さ5m程度のやぐらを組むため、広いスペースが必要となる
・SDS試験よりもさらに調査期間が長くなり、調査費用も高くなる

液状化のリスクを理解しておく

不同沈下と並ぶ地盤の問題が液状化です。ただし、住宅建築後の時間経過に伴って発生する不同沈下とは異なり、液状化は大きな地震が発生した際に起こる現象です。

具体的には、地震によって地盤が揺さぶられた結果、地盤が強度を失ってしまい液体のようになってしまう現象です。したがって液状化を起こしやすいのは、まず砂などが緩く積もった地盤であり、しかもそこに地下水を多く含んでいる地盤です。

日本では東日本大震災のときに千葉県浦安市で発生した液状化が、その規模と被害

【図10】地域区分に基づく液状化の発生傾向

液状化の発生傾向の強弱	250mメッシュの微地形分類
強	埋立地、砂丘末端緩斜面、砂丘・砂州間低地、旧河道・旧池沼
	干拓地、自然堤防、三角州・海岸低地
	砂州・砂礫洲、後背湿地、扇状地（傾斜＜1/100）、谷底低地（傾斜＜1/100）、河原（傾斜＜1/100）
	砂丘（末端緩斜面以外）、扇状地（傾斜≧1/100）、谷底低地（傾斜≧1/100）、河原（傾斜≧1/100）
弱	山地、山麓地、丘陵、火山地、火山山麓地、火山性丘陵、岩石台地、砂礫質台地、火山灰台地、礫・岩礁

出典：国土交通省「地形区分に基づく液状化の発生傾向」

の大きさで注目を浴びました。液状化を起こすと、建物が傾斜するなどの被害を受けると同時に、マンホールや地下に埋設した水道管やガス管などが浮き上がり、インフラにも被害の及ぶリスクがあります。

どのような土地に液状化のリスクがあるのか、国土交通省による「地形区分に基づく液状化の発生傾向」では、液状化の発生傾向別に図10のように記されています。

この図から読み取れるのは、まずは土地に砂が堆積しているところであり、さらに地下水に砂が浸かっているところ、そのうえで砂が緩いところです。

液状化リスクを事前に知るための判定法

液状化リスクは、微地形区分や古地図などから土地の履歴情報を調べると、ある程度想定できます。国土交通省の「ハザードマップポータルサイト」を見れば、地形分類が分かり、液状化を予測できます。

また自治体ごとに液状化の想定図がインターネット上に公開されています。例えば神奈川県が公開している「e－かなマップ」には、地震被害想定調査結果が掲載されています。

ここには都心南部直下地震、三浦半島断層群の地震、神奈川県西部地震、東海地震、南海トラフ巨大地震、大正型関東地震と今後想定される地震ごとに、震度分布や液状化想定図、建物の全壊棟数想定図などが表示されます。このような公開情報をきめ細かくチェックしておけば、液状化リスクを事前に確認できます。

もう一点、液状化を知るための方法が地盤調査です。調査項目は、その土地を構成している土の種類、地下水位、地盤の固さや土の粒子の大きさなどです。これらの情報を得られれば、液状化リスクを判断できるようになるのです。例えばＳＷＳ試験を行ったあとで、その試験孔から土質の資料を採取すれば土質を判定できます。さらに地下水位を測定すれば、液状化の可能性を推定できます。

こうした調査をより精度高く行うためには、ボーリング調査が適しています。ボーリングにより地盤に穴をあけて土のサンプルを採取し、地下水位を測定すれば、ＳＷＳ試験よりも精緻な測定が可能です。

液状化が引き起こす被害と対策

地盤が液状化すると、住宅にさまざまな被害を及ぼします。例えば基礎が壊れ、その結果として建物と基礎が離れます。壁や柱が傾いたり変形したりして、床が浮き沈みしてしまうケースもあります。

では、液状化に備えてどのような対策を行うべきなのかというと、実はこれは極めて難しい問題であり正解がありません。なぜなら、地域によってはそもそも地震が発生する可能性が低いところがあります。地震など起こらなければ、それに越したことはありません。とはいえ日本では、いつ、どこで、どんな地震が起こるのか分からず、起こったときにはどれぐらいの規模になるのかも分からない地震に備えるための費用も含めて難しい判断が求められます。

地震研究については、事例が少なく、また地震発生の様子をリアルタイムで観測できないために理論構築が進んでいません。極端にいえば、大地の下で実際に地震の起こるところを観察した人は、世界中に一人もいないのです。震源は最低でも地下数㎞となるため、最新鋭のカメラなどを設置しての観察なども不可能です。

つまり発生する地震が予測できないため、どの程度の液状化対策をすれば万全であるかの判断がつきません。とはいえ、政府が警告している南海トラフ巨大地震などは、東海から四国にかけての広い地域で甚大な被害をもたらすと想定されています。

いつ起こるのか分からないとはいえ、太平洋沿岸地域では、北海道から九州にかけて大きな地震が起こってもおかしくないのが実状です。これから住まいづくりを考える人は、地震対策も頭に入れておくのが賢明です。

例えば、対策例の一つは浅層混合処理工法（表層地盤改良）です。これは建物の基礎底面の下の表層土を地盤改良します。これにより支持基盤を堅固なものとし、液状化が発生しても建物への影響をできる限り抑える工法です。

もう一つは格子状に打設する柱状改良もしくは杭基礎による地盤補強です。深度10m付近の支持層まで杭による基礎を打ち込む、もしくはコンクリート柱状の地盤補強を行い、液状化が起こった際にも建物への影響を可能な限り抑えます。

忘れてはいけない地震への備え

残念ながら、日本に暮らす限り地震は避けられません。その理由はまだ完全には解明されていないものの、日本列島が大陸プレートの上にあり、その下へフィリピン海プレートや太平洋プレートが沈み込んでいるためです。いわゆる海溝型の大きな地震は大陸プレートの下へ別のプレートが無理矢理沈み込むために起こります。

特に東南海エリアでは、過去1400年間にわたって100〜200年に1回の割合で大地震が発生しています。最も近いのが1944年に起きた昭和東南海地震とその2年後の1946年に起きた昭和南海地震です。このエリアでは地震発生から70年ほど時間が経っているために、再び大地震が発生する可能性が高まっています。

政府の地震調査研究推進本部によれば、このエリアで地震の発生する可能性は次のように示されています。

・地震の規模：マグニチュード8〜9クラス
・地震発生確率：30年以内に70〜80％

近年、政府が広報に力を入れた結果、東南海エリアで大きな地震が来るらしいといった認識はある程度広まりました。そのため、地震発生時には司令塔となり、同時に避難場所としての役割を果たさなければならない自治体庁舎などでは、地震対策を行っているところがあります。

その一例が、高知市役所の新庁舎です。ここでは実際に穴を掘って地盤の状況を調べるボーリング調査をし、緩い砂地盤であり地下水位も浅いところにある状況が明らかになりました。つまり大地震が起こったときには液状化しやすい地盤です。

そこで液状化が起こった場合でも、庁舎が傾いたりしないよう地盤改良工事が行われています。具体的には「丸太打設液状化対策&カーボンストック工法」により、直径約16㎝、長さ3・5mの丸太を建物直下の地盤に55㎝から1mの間隔で埋め込んでいきます。これにより地盤中の密度を高めて建物を支えるのです。

高知県では、避難路の液状化対策にも力を入れています。また県の防災サイトでは、液状化の可能性を予測するハザードマップが公開されています。

高知県以外でも国土交通省が公開している「ハザードマップポータルサイト」では「重ねるハザードマップ」や「わがまちハザードマップ」にアクセスすれば、全国各地の液状化予想を調べられるようになっています。土地を買う前、家を買う前には、こうしたサイトをチェックし、該当地域の液状化予想をあらかじめ調べておくべきです。

第3章

それって本当に適正価格？

地盤調査や地盤改良に掛かる費用と工法について

地盤調査と地盤判定、そして地盤保証

土地を購入して、望みどおりの家を建てるためには、まず地盤をしっかり確認する必要があります。せっかく建てた家が不同沈下によって傾いたりして、元も子もなくなるのを防ぐためです。

トラブルを防ぐため事前に地盤調査を行い、なんらかの問題があると分かった場合の選択肢は2つになります。改めて別の土地を探すか、それとも地盤改良工事を行い、地盤の強度を高めてから建築工事に掛かるかです。

その際に考えておきたいのが、地盤調査や地盤改良におけるミスの発生です。調査と改良ともに、地中で行われる作業であるため、100％完璧を保証するのは困難です。それでも可能な限り調査の精度を高めるため、例えば地盤調査では従来のSWS試験に加えて、SDS試験が開発されました。現在では、これら2つの試験の併用により、調査精度は高まっています。逆にいえば、SWS試験だけしか行っていない場合は地盤調査の情報が少ない場合があります。

2009年に施行された「住宅瑕疵担保履行法」により、地盤調査が事実上義務付けられるようにもなりました。そのため現在では、家を建てるために土地を購入したら、しっかりした地盤調査を行っています。調査は基本的に施工会社などから調査会社に委託して行われます。

地盤調査を担当するのは、資格をもっているプロです。とはいえ、なかには資格をもっていない調査員もいるので、依頼する際には有資格者が行ってくれるのかどうかを確認する必要もあります。

地盤調査の結果に基づいて地盤調査判定を行います。判定を行うのは、基本的に地盤判定の有資格者です。現在は地盤保証会社が判定することが多いです。

そもそも地盤保証とは、地盤調査やその結果に基づく地盤改良工事を行ったにもかかわらず、不同沈下などにより建物に被害が起きたときのための保証制度です。制度ができた当初は地盤調査や地盤改良を行う業者が損保会社と直接保険契約を結び、建設を担当する施工会社などに保証を提供していました。しかし、調査や改良を請け負う業者には規模の小さなところが多く、そのような小企業には常に倒産のリスクがつきまといます。そこで登場したのが地盤保証を専門とする企業です。

こうした地盤保証会社が損保会社と保険契約を結び、その契約に基づいて建築施工会社に対して保証を提供しているのです。

このような枠組みの場合、地盤調査を行った結果の地盤判定は地盤保証会社が行います。ただ地盤調査結果の判定については、各社により基準が異なります。そのため判定結果について疑問を感じた場合は、セカンドオピニオンを求めるのも一案です。

地盤調査結果に基づく地盤改良

地盤調査の結果、地盤に軟弱な部分などが見つかった場合には地盤改良工事を行います。地盤改良の目的は、まず不同沈下の防止です。さらに地震発生のリスクが考えられる場所では、液状化防止も頭に入れて検討するとより安心です。

ただし、地盤改良工事にはさまざまな種類があります。どの地盤改良法を選べば良いのか、素人が判断するのは簡単ではありません。だからといって工事業者に丸投げするのも、将来のリスクを考えればあまり賢明とはいえません。なぜなら、地盤改良を請け負う工事業者によって得意とする工法が異なる場合、最適とはいえない工法で工事が行われるケースも考えられるからです。

一般に地盤改良工事は住宅建設を請け負う施工会社や工務店が、専門の業者に依頼します。その場合でも施主が希望する工法を施工会社に伝えれば、対応してもらえるケースがあります。そもそも最初に施工会社に家づくりを頼むときに地盤改良についても相談させてほしい、と一言釘を刺しておけば良いのです。そうすれば、施工会社の施主を見る目が変わります。

また、地形や地盤の見極め方、地盤調査の方法についても一定の知識をもっていると伝えるのも一案です。そのうえで地盤改良についても、ひととおりの知識をもっておけば、より確かな工事をしてもらえる可能性が高まります。

地盤調査をSWS試験で行った結果、換算N値が3未満の場合は、基本的に地盤改良工事が必要です。またその土地の過去についても要注意です。埋立地の場合は当然として、盛土が行われている場合や過去に液状化を起こしていないかも確認しておきます。

ここ数年の傾向として地盤改良工事の際に発生する残土の処理が、厳しく問われるようになっています。今後、残土は産業廃棄物として処理する必要があり、そのために必要なコストも事前に確認しておく必要があります。

地盤改良工法

日本建築センターや日本建築総合試験所などが認めた建築技術性能証明工法には、軟弱な地盤の深さにより、大きく表層改良工法、柱状改良工法、鋼管杭工法の3つがあります。ただしこれだけに限らず、ほかにもさまざまな特徴をもつ工法が開発されています。地盤改良を業者に依頼する際には、最初にどれぐらいの工法に対応可能かと確認すると、業者の特徴を知る手掛かりとなります。

【図11】表層改良工法

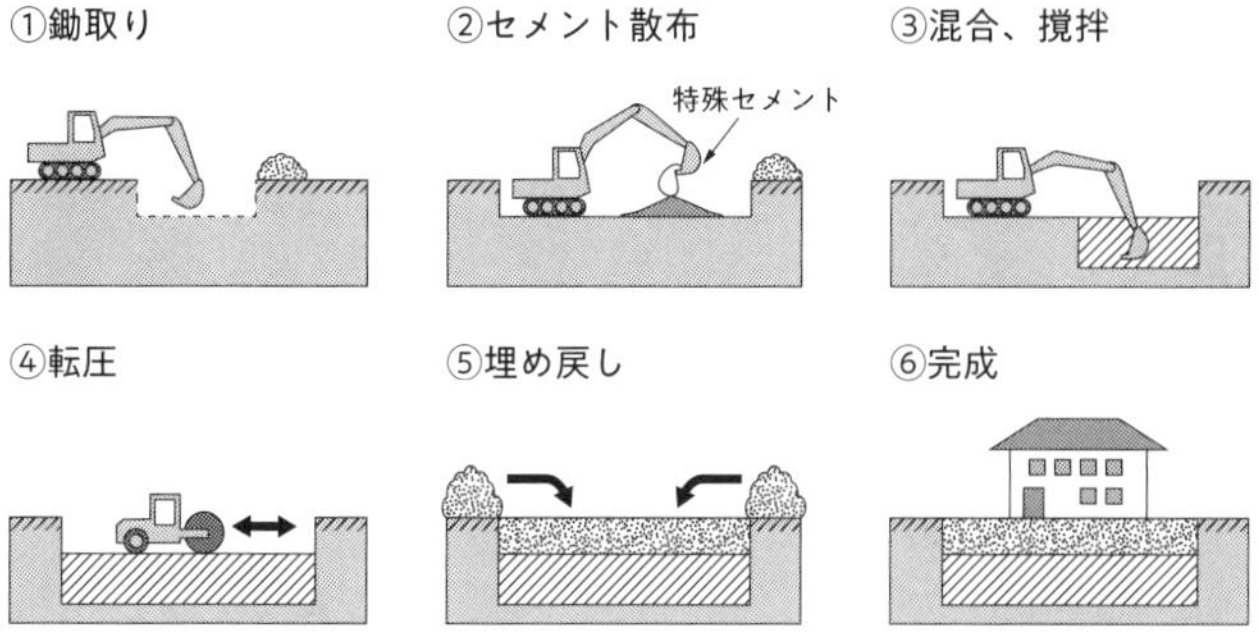

一般工法

以前から行われてきた一般的な地盤改良工法であり、表層改良工法、柱状改良工法、鋼管杭工法の3つがあります。

1）表層改良工法

新規に盛土された地盤や軟弱層が浅い場合に有効な工法で、工事できる範囲は、軟弱地盤が地下2mまでに限られます。油圧ショベルのバックホーを使って表層部分の軟弱な地盤を掘削し、そこにセメント系の固化材と掘り起こした土を混ぜたのち、転圧機で締め固めて強度を高めます。施工が比較的簡単であり、工期も短くて済むため費用も安く抑えられます。

〈メリット〉

小型重機のバックホーで簡単に施工でき、地表面だけを固めます。そのため工事に掛かる日数も短ければ1日、長くても2日程度と短く抑えられます。使用するのが小型重機のため、狭い土地や変形の敷地でも対応可能です。地盤を掘削するので地中にコンクリートや石などが含まれていても施工できます。基本的には砂質土や粘性土を対象としますが、そのほかの土質についてもセメント系の固化材を替えれば対応可能です。

〈注意点〉

勾配のきつい土地や地下水位の高いところでは施工できない場合があります。特に地下水位が地盤改良面より高い場合は対応不可能です。仕上がりが施工者のスキルレベルに左右されやすく、経験を積んだ人が行わないと仕上がりの強度に影響する場合があります。

〈費用の目安〉

一般的な戸建住宅の場合、1棟あたり100万円程度からとなります。

〈施工の手順〉

1 表層部の土の鋤取りを行います。

2 特殊セメントを散布します。

3 特殊セメントと鋤取りした土を混ぜ合わせて撹拌します。

4 撹拌した土に圧力を掛けて締め固めます。

5 表層部に圧力を掛けて仕上げます。

2）柱状改良工法

軟弱地盤で不同沈下のリスクが考えられる場合に有効な工法で、工事できる範囲は地下2mから8mまでです。セメント系の固化材と水を練り合わせたセメントミルクを、撹拌装置の先端から吐出させます。元の位置にあった土とセメントミルクを混ぜ合わせて撹拌し、回転させながら引き上げていきます。これにより円柱状の固い改良体を築いて強固な地盤を形成します。セメントミルクとはセメント材料と練り混ぜ水を混ぜ合わせた液状の物質で、セメントスラリーとも呼ばれます。

〈メリット〉

建物を支える力が、先端支持力と摩擦力の2つになります。すなわち柱の先端を支持層まで到達させて先端支持力を得るのに加えて、柱のまわりにある土との間で発生する摩擦力です。そのため支持層となる強固な地盤にまで到達しなくても、柱を太くすれば摩擦力によって建物を支える力を得ることができます。施工中の振動や騒音が

【図12】柱状改良工法

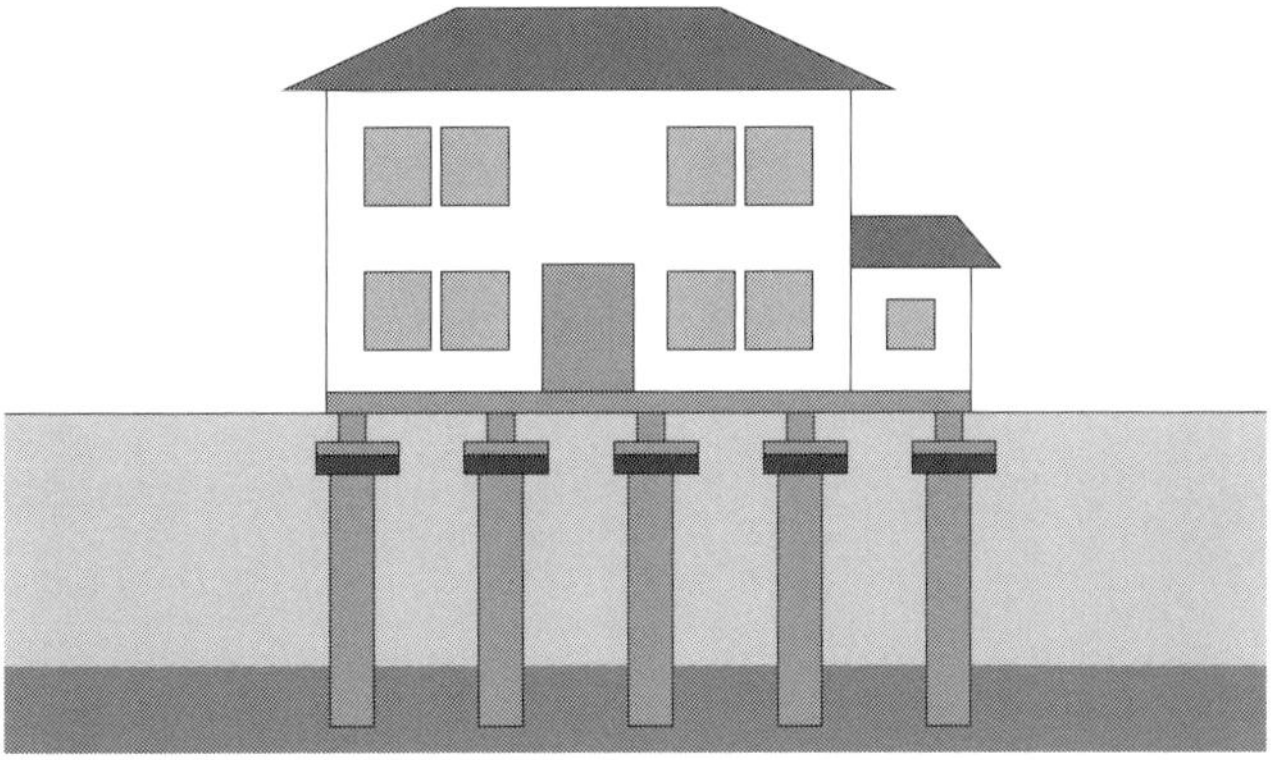

少ないため、工事中の近隣への影響を抑えられます。工期は柱の本数により最短2日から長くて1週間程度となります。

〈注意点〉

地盤の土質に腐植土などの有機質土が含まれている場合、セメントが固化不良を起こす場合があります。また、土地が狭い場合、あるいは土地に高低差のある場合には、工事に必要な重機を搬入できないために工事不可のケースが考えられます。さらに地盤を掘削する過程で生じる残土処理の問題も挙げられます。柱状改良を行うと、地盤の中に堅固なコンクリートの柱が何本もできることになります。そのため将来、その土地を売却する場合には、費用を掛けて柱を撤去しなければなりません。仮に原状復帰せず、柱を残したまま売却するとなると、売却価格が下がる可能性が高くなります。地盤改良としては多くの業者の扱う一般的な工事であるため、施工業者の技術や経験により仕上がりに差の出るケースがあります。

〈費用の目安〉

一般的な戸建住宅の場合、1棟あたり数十万円程度から数百万円程度となる場合もあります。

〈施工の手順〉

1　セメント系の固化材とスラリー状にしたものを土中に注入し、回転させながら掘り進みます。

2　スラリーの混合攪拌は2往復以上行います。

3　同様の作業を繰り返して、所定の本数の柱状の改良体を施工します。

※セメント系固化材については、六価クロム低減型の使用を原則とします。

※SWS試験での土質チェック

柱状改良工法において建築を支える力となる先端支持力と摩擦力は、土質の影響を受けます。一般的に砂質土の場合は先端支持力は大きくなり、摩擦力は小さくなります。粘性土の場合は逆に先端支持力は小さく、摩擦力は大きくなります。また腐植土などの場合は、先端支持力と摩擦力ともに小さくなります。そのため可能であれば、SWS試験だけでなく、敷地の中央部ではSDS試験を行って土質確認の精度を高めるのが理想です。

3）鋼管杭工法

軟弱地盤の深い土地に有効で、鋼管径の130倍の長さまで対応可能です。地下にある支持層にまで鋼管杭を貫入させて、支持力を確保します。したがって地盤の土質に関係なく、建物の荷重を鋼管杭によって固い地盤に伝えて、建物の沈下を抑えます。約89㎜から190㎜と小口径の鋼管を回転させて地盤を掘削しながら貫入していきます。必要とする杭の長さにより、何本も溶接によって継ぎ足しながら、目的とする深さまで到達させます。

〈メリット〉

表層改良工法や柱状改良工法などに比べると、施工後の地盤強度が高くなります。支持層が深い位置にある場合でも、鋼管を継ぎ足していき、確実に支持層まで到達できます。工事に必要なのは杭打機だけでそのほかの設備を必要としないので、狭い土地でも対応できます。鋼管を地盤に貫入していくだけなので、残土は発生しません。工事は1~2日と短期間で終了します。貫入させた鋼管は、逆回転させながら引っ張ると地中から引き抜けます。そのため土地を売却する際にも、資産価値が低下する恐れはありません。

地中に埋め込まれた鋼管については、施工後50年でも1㎜以上錆びる確率は低いと

【図13】鋼管杭工法

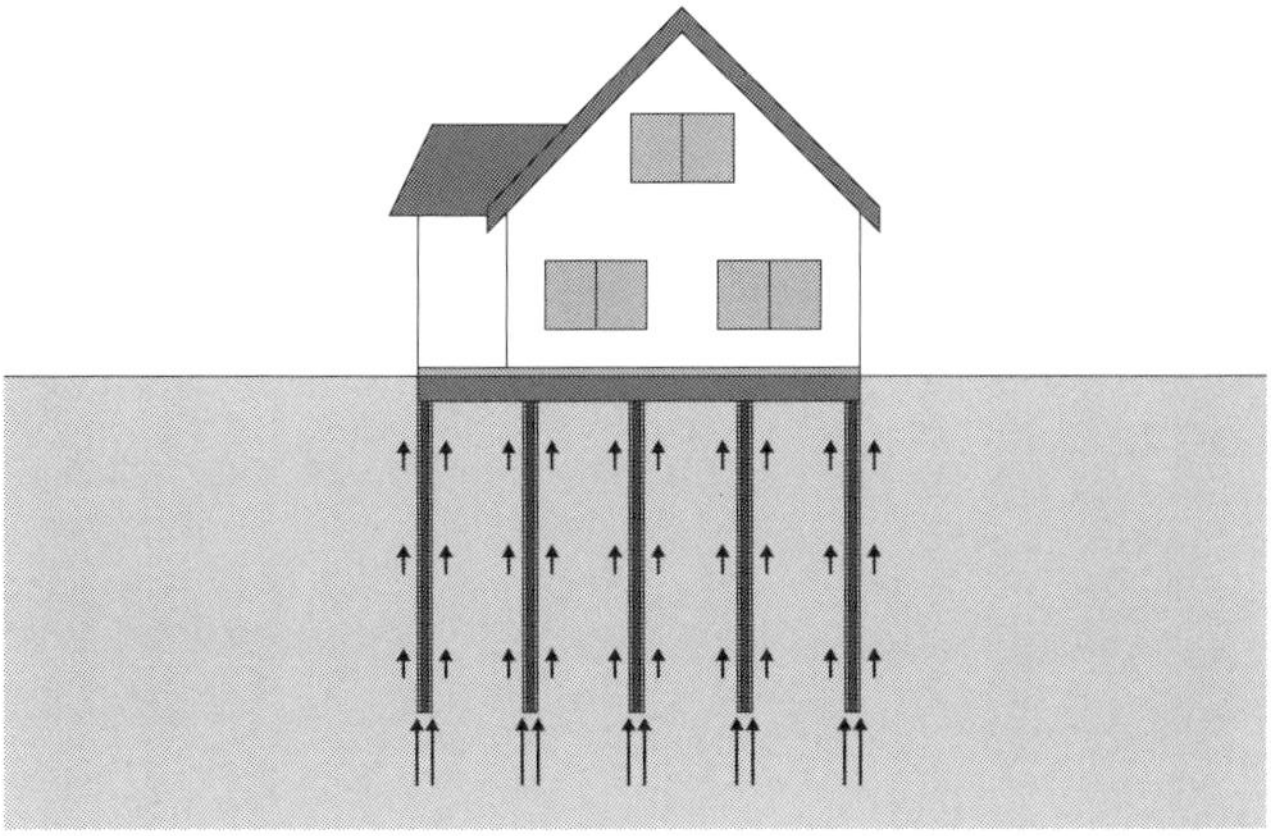

されています。これに基づいて耐力の計算をされているので、支持力については少なくとも50年から100年程度まで心配する必要がありません。

〈注意点〉

まず地盤について、支持層に到達することを確認する必要があります。また新しく盛土で造成された土地で圧密沈下の大きい場所では、沈下が起こった際に建物は沈下せず、周囲の地盤が下がる杭の「抜け上がり」現象の発生する場合があります。

〈費用の目安〉

打ち込む杭の本数やその長さなどにより変わり、1棟あたり数十万円程度からとなり、深度が深い場合は数百万円程度の場合もあります。

〈施工の手順〉

1　鋼管を回転させながら貫入します。

2　支持層に到達するまで回転貫入を続けます。

3　同様の作業を繰り返して、所定の本数の鋼管を施工します。

エコロジー・リノベイト工法

周辺はもとより地中にも配慮して、工事による環境へのダメージを可能な限り抑える地盤改良工法であり、環境パイル工法とエコジオ工法があります。

4）環境パイル工法

木材で建物を支える環境に優しい地盤改良工法です。軟弱地盤に対しても、広範囲で適用可能です。使用する木材には、高品質な防腐・防蟻処理が施されているので、腐食や蟻害などの発生する恐れはありません。環境パイル（S）工法協会による工法で、2022年11月時点で全国で累計4万1000棟以上の実績があります。一般財団法人日本建築総合試験所により建築技術性能証明を取得しています。

〈メリット〉

木材で建物を支える環境に優しい地盤改良工法です。支持力は先端部の支持力と、木材と土の間で発生する摩擦力から得られます。木材で懸念されるシロアリ対策と防腐処理については加圧注入木材保存処理を行っているので、高い耐久性が確保されています。また杭は地表に露出せず地中に存在するため酸素が遮断され、劣化しにくくなっています。耐久性については野外試験場で1993年から継続されている暴露試

【図14】環境パイル工法

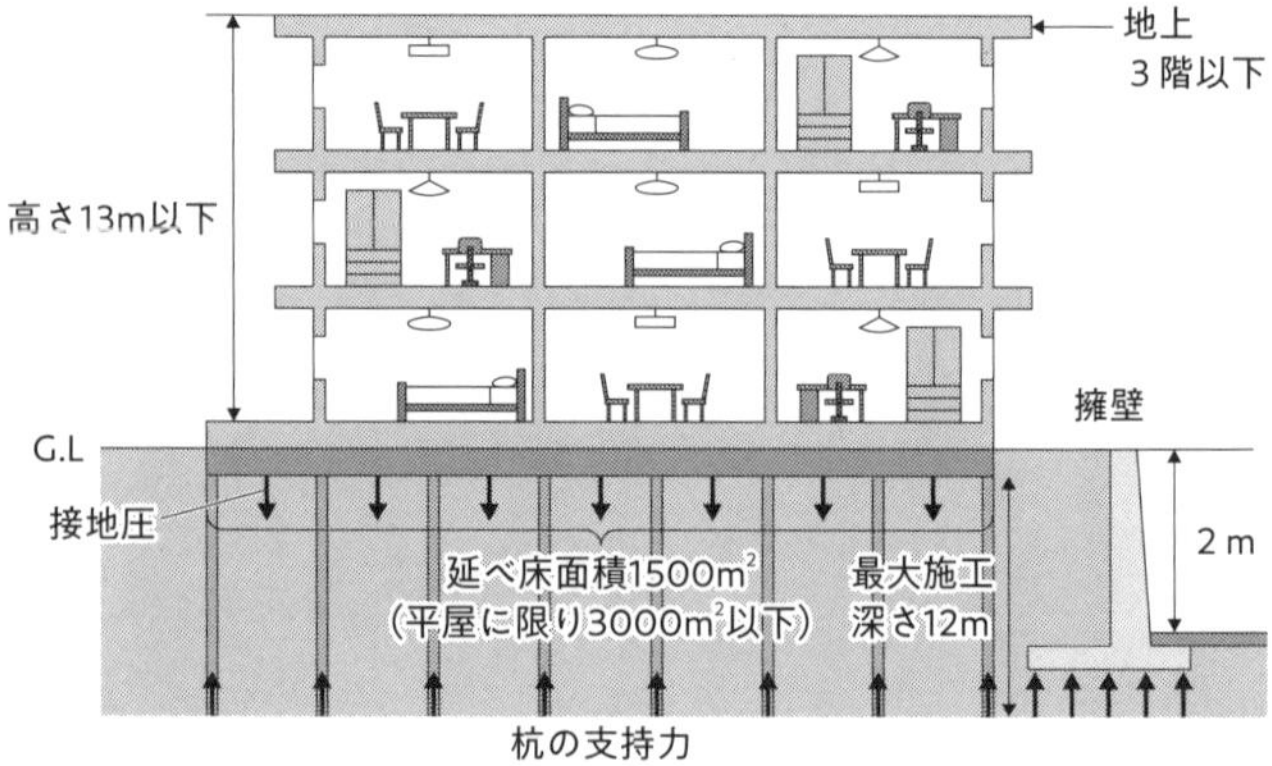

験により、現時点で20年以上確認されており、ＪＩＳ Ｋ １５７１に基づく耐候操作試験では60年以上の耐久性が確認されています。使用する樹種は主に国産の杉材であり、材料供給は安定しています。また辺材は使用せず、すべて芯持ち材を使用しています。施工方法については、木材を圧入専用機で無回転で圧入します。施工時に木材を打ち込むわけではないので、まわりに対する騒音の心配はありません。杭の本数については、地盤調査の結果に基づき、建物の重量を勘案して必要な長さと本数を決めます。木製の杭を地盤に無回転で圧入するだけなので、工期は短く残土もほとんど発生しません。同じ杭を使う地盤改

良工法としては、鋼管杭よりも一般的にコストメリットが高くなります。杭の長さは2回以内の継ぎ杭が可能で、最長で12ｍまで対応します。土地を売却する際には、木杭は簡単に撤去し処分できるため資産価格を下げる心配はありません。

〈注意点〉

水平力については検討できません。また液状化には対応していません。

〈費用の目安〉

一般的な戸建住宅の場合、1棟あたり70万円からとなります。

〈施工の手順〉

環境パイルを抗芯にセットし、鉛直を確認し圧入します。

5）エコジオ工法

改良体として自然石だけを使用する、地球に優しい工法です。掘削孔に自然石の砕石を使用します。これにより十分に転圧しながら、柱状体を築造していきます。三重大学との共同研究に基づく砕石地盤改良技術「エコジオ工法」により、孔壁の崩壊を防いで安定した品質を確保します。掘削した壁面の崩壊を防ぐＥＧケーシングは、特許を取得しています。また、日本建築総合試験所により建築技術性能証明を取得しています。

〈メリット〉

エコジオ工法では、自然素材の砕石だけを使用するため、材料調達から施工完了までのプロセスで、CO_2排出を大きく削減できます。また施工中にも廃棄物は発生しません。特許取得済みのＥＧケーシングを活用しているので、掘削した壁面が崩れません。そのため砕石に土が混ざることはなく、砕石杭の強度が維持されます。しかも

【図15】エコジオ工法

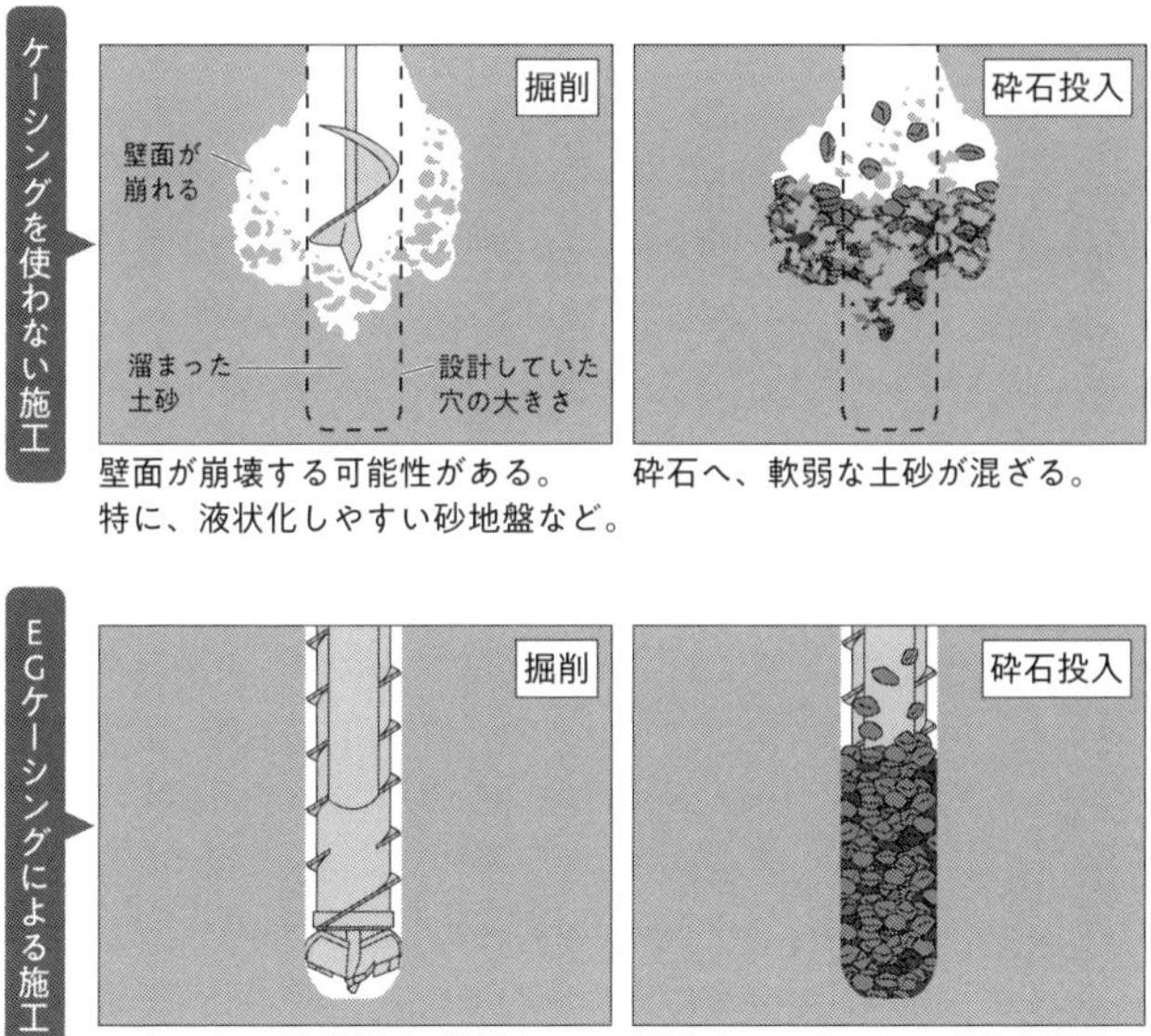

壁面が崩壊する可能性がある。
特に、液状化しやすい砂地盤など。
砕石へ、軟弱な土砂が混ざる。
EGケーシングが壁面の崩壊を確実に防止。
砕石は、EGケーシング内を通り、再下端から押し出される。

砕石そのものはほとんど劣化しないため、長期にわたって強度を保ち続けます。砕石杭は支持杭ではないため、エコジオ工法は置き換え工法となります。砕石部に掛かる荷重は、砕石の特徴により地中に分散されます。そのため砕石による柱状体を支持層まで到達させる必要はなく、施工深度を浅く抑えられます。地盤改良機とミニバックホーだけで施工できるため、狭小地でも対応可能です。また工事に際しては振動や騒音も抑えられ、さらに最先端技術のエコジオZERO工法の場合、残土も発生しません。地中の埋設物となるのは、自然石による砕石だけです。地中に人工の廃棄物を残さないため、資産価値への影響を最小限に抑えることができます。

〈注意点〉

水平力については検討できません。腐植土を含む地盤には適用できません。

〈費用の目安〉

一般的な戸建住宅の場合、1棟あたり30万円からとなります。

〈施工の手順〉

1　所定位置に施工機をセットし、ケーシングの鉛直性を確認します。

2　ケーシングを時計回りで40㎝ほど貫入した後、20㎝ほど引き上げます。ケーシング内に砕石を投入しながら、スクリューロッドを逆転させ、先端スクリューの先まで砕石を詰め込みます。

3　時計回りで設計深度まで掘削し、5～10㎝程度引き上げます。

4　EGドアを開け砕石を投入しながら逆転し、回転トルクが規定値に達したらケーシングを10㎝引き上げます。この操作を補強体の頭部深度まで繰り返します。

建築技術性能証明取得工法

日本建築総合試験所が発行する建築技術性能証明を取得した工法です。建築技術性能証明とは「新しく開発された建築技術の性能を当法人が第三者の立場から審査し、その技術が保有する性能について、性能証明書を発行するものです。一般化された建築技術を対象としている『性能認証』と異なり、『性能証明』は新規性・独自性のある建築技術を対象としています」（日本建築総合試験所）。

6）ピュアパイル工法（性能証明：ＧＢＲＣ第11－28号）

掘削装置を地盤に回転させながら貫入し、支持深度まで掘り進みます。装置を引き上げながらセメントミルクを置換充填します。ピュアパイル工法で使うセメントミルクは、特殊混和剤のＰＰパウダーを添加したものです。セメントミルクを充填する際には、土と混ぜ合わせることなく、そのまま杭状に固めるため品質にバラツキが出ません。また地盤の土質にかかわらず、高品質で高い支持力を発揮します。

〈メリット〉

セメントミルクを使う類似の柱状改良工法と比べれば土が混入しないため、安定して均一な高強度を発揮します。柱体の断面積は直径２００㎜であるため直径６００㎜の一般的な柱状改良と比べると9分の1ですが、柱体強度は柱状改良の3倍程度となります。施工時には現地の土との撹拌が不要であり、残土の処理もほとんどないため

【図16】ピュアパイル工法

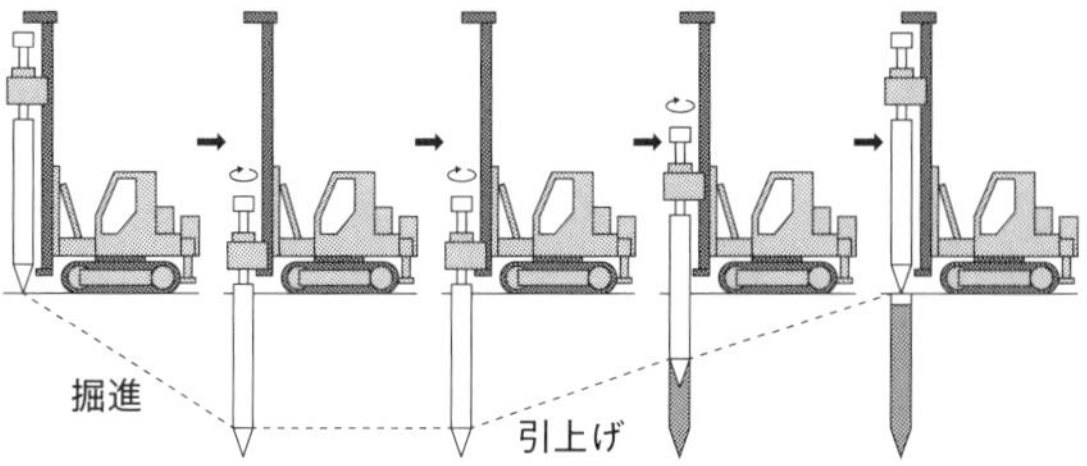

①	②	③	④	⑤	⑥
位置合わせ	所定深度までロッドを回転圧入	セメントミルクを吐出しながら30秒程度保持	セメントミルクを吐出しながら引き上げ	柱頭レベル合わせ	完了

に、施工時間を柱状改良の半分程度に短くできます。柱状改良工法では対応できない腐植土地盤でも施工可能です。適応する深度は、砂質地盤、粘土質地盤ともに10ｍまでです。残土の発生を抑えられるため処理費用はほとんど必要ありません。支持力は先端支持力と周面摩擦力によって発揮されます。

〈注意点〉

杭頭に地盤力などの水平力を掛ける設計には対応できません。水平力については、基礎の根入れ部分の受動抵抗などで、直接地盤へと伝える設計とします。

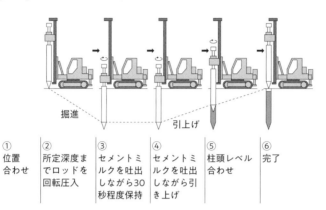

〈費用の目安〉

同じ敷地で柱状改良工法や鋼管杭工法を行う場合と比べれば、基本的に低コストとなります。

〈施工の手順〉

1　最初に位置を合わせて、所定の深度までロッドを回転させせながら圧入します。

2　セメントミルクを吐出しながら30秒程度保持します。

3　セメントミルクを吐出しながらロッドを引き上げます。

4　柱頭のレベルを合わせて仕上げます。

7）H型PCパイル圧入工法（性能証明：GBRC第06－23号）

H型PCパイルとは、断面が「H」の形をしたコンクリートパイル（杭）を意味します。断面を通常の柱のような円ではなく、H型として周面摩擦力を大きくし支持力を高めています。オーガーと呼ばれる掘削機を使って地盤を掘削したあと、H型PCパイルを埋め込み、所定の深度まで貫入させます。施工時にリアルタイムに圧入力を計測できるので、施工管理を確実に行えます。残土の発生もありません。

〈メリット〉

H型断面は、円筒杭よりも周面長が長くなり、周面摩擦が大きくなります。そのため大きな支持力を得られるので、軟弱な地盤にも対応できます。H型PCパイルに使用されるパイルは製造時にコンクリートに圧縮力を加えているため、曲げに強くクラックなどの入る心配もありません。またコンクリートは現場の土を使って成形する

【図17】 H 型PCパイル圧入工法

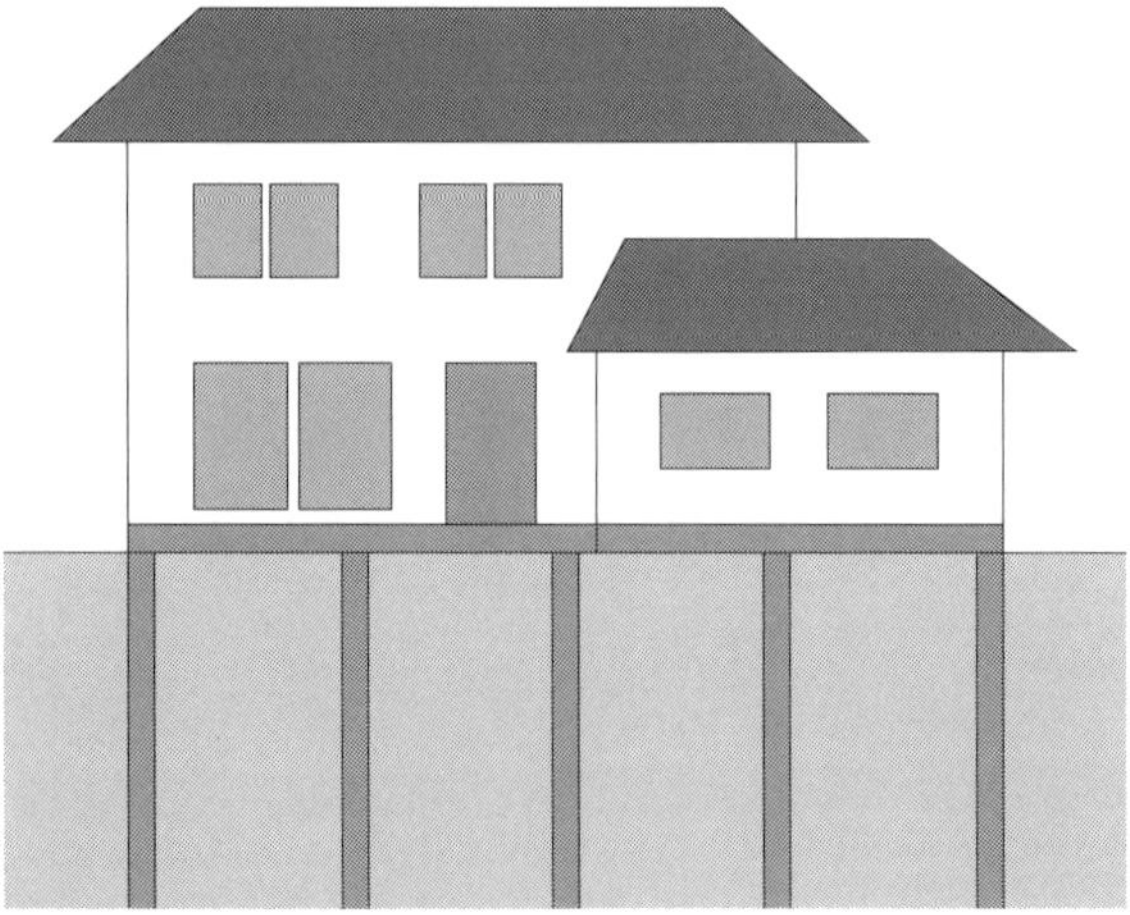

	H型PCパイル	RC杭１種（250Φ）
断面形状	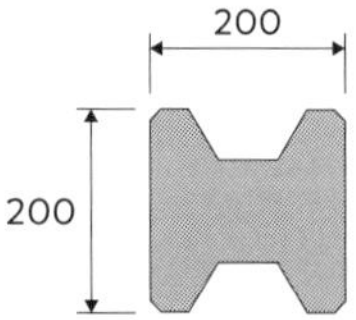	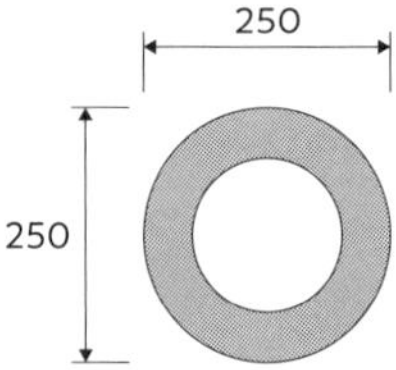
曲げ耐力	5.6kN・m	5.9kN・m
抗周長	ψ＝0.889m	ψ=0.785m

のではなく、プレキャストつまりあらかじめ成形済みのものを使うため、腐植土を含む地盤にも対応できます。施工には小型の油圧圧入方式の杭打機を使うので、施工時の振動や騒音を抑えられます。また杭打機は小型であり、狭小地での施工にも対応します。

〈注意点〉
水平力については検討できません。また液状化には対応していません。

〈費用の目安〉
一般的な戸建住宅の場合、1棟あたり70万円からとなります。

〈施工の手順〉
1．まずオーガーで地盤を掘削します。
2．逆回転させてオーガーを引き抜きます。

3. H型PCパイルを地面に垂直に建て込みます。
4. 杭打機で圧入力をかけて杭を圧入します。

8）くし兵衛工法（性能証明：GBRC第13－03号　改1）

地盤を掘削すると同時に、スラリー状のセメント系固化材を撹拌して改良体を築造する、機械撹拌式深層混合処理工法です。工法名は、撹拌翼の上下に複数設置された「くし」状の突起に由来しています。独自開発の掘削撹拌装置の活用により、低軸回転数、高速度での施工が可能となり、改良体の品質も大幅に向上します。対応する土質は砂質土、粘性土、ロームで深度は10mです。

〈メリット〉

基本的なプロセスは柱状改良工法を踏襲しながら、独自の掘削撹拌装置の活用によ

【図18】くし兵衛工法に使用する装置

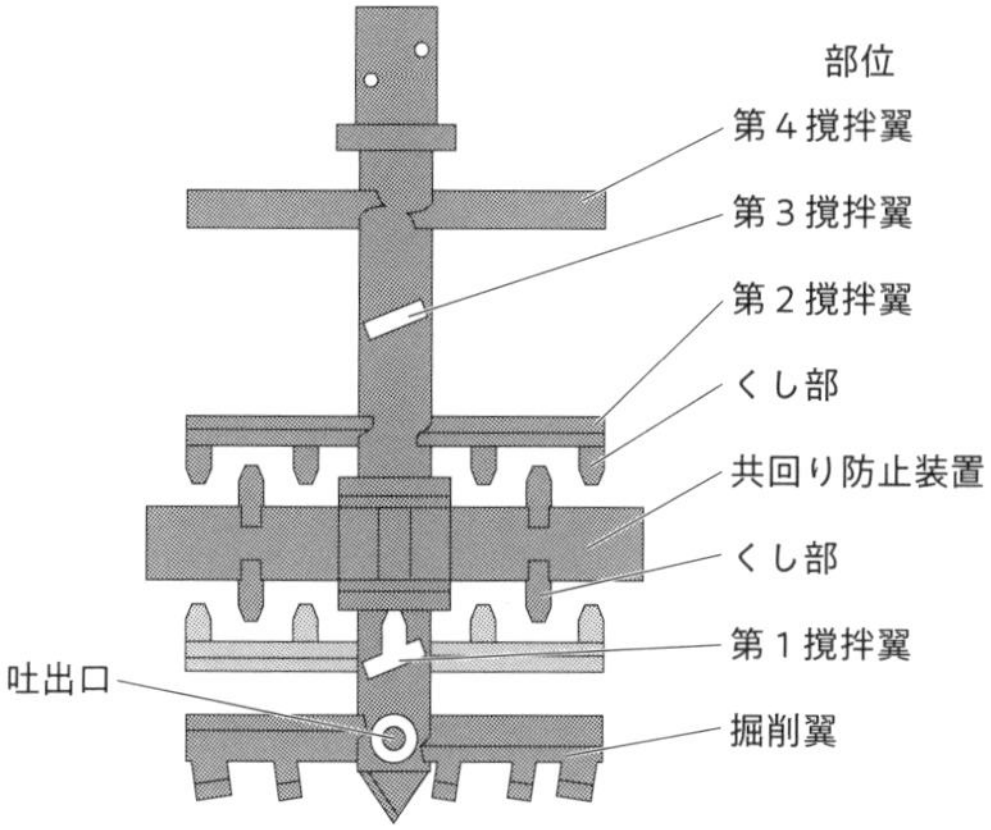

り、コスト削減と施工時間の短縮を実現しながら、一方では改良体の強度を高めて品質も向上させています。掘削翼の背面側にスラリーの吐出口を設置し、掘削翼の背面にできる空洞部に固化材スラリーを充填するため、先端の掘削翼の撹拌性能が高まりました。これにより改良体の品質が大きく高まっています。

〈注意点〉

特定の地盤（有機質土など）では、セメントが固まらないなどの固化不良が発生することがあります。ただし配合試験にて強度確認できれば採用可能です。

【図19】くし兵衛工法の施工工程

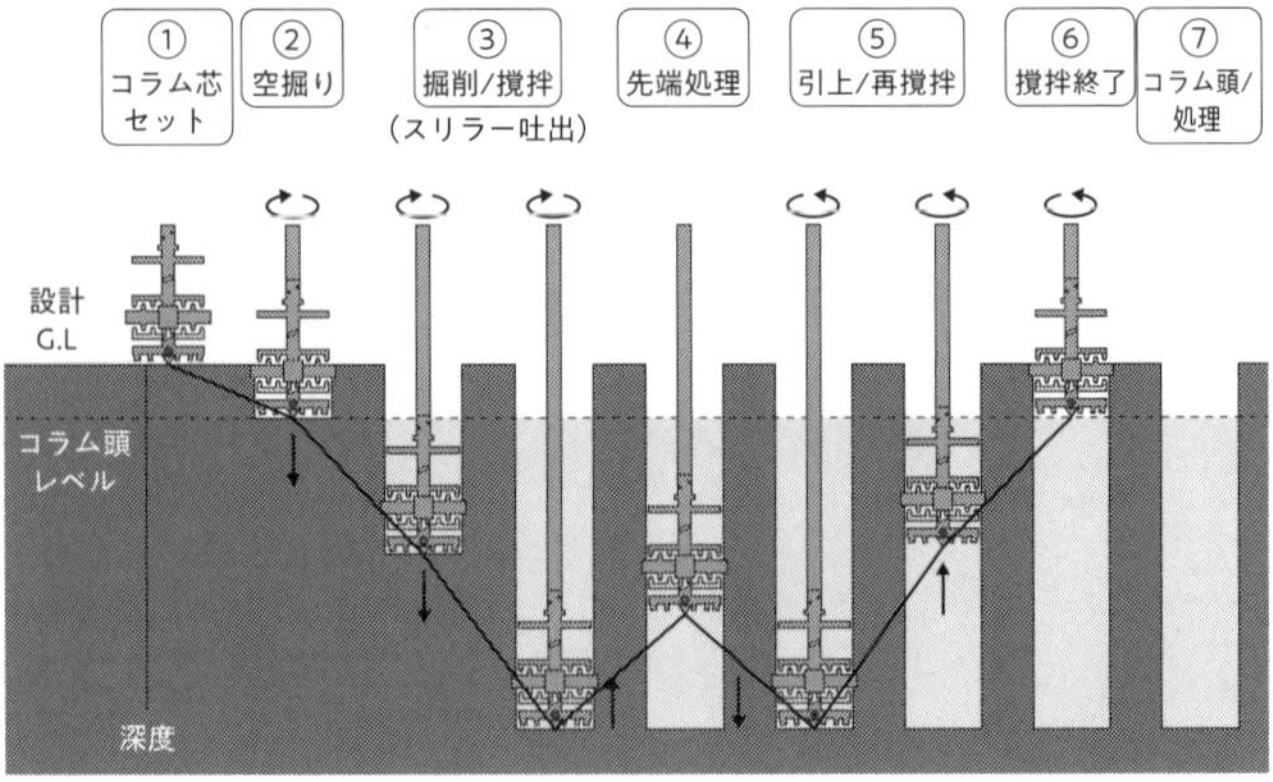

〈費用の目安〉

一般的な戸建住宅の場合、1棟あたり50万円からとなります。

〈施工の手順〉

1　掘削撹拌装置をセットして、空掘りします。

2　スラリーを吐出し、掘削しながら撹拌していきます。

3　所定の深さに達したら先端部を処理します。

4　装置を引き上げながら、再度撹拌していきます。

5　撹拌終了後、コラムの頭を処理します。

9）しん兵衛工法（性能証明：GBRC第13－04号　改2）

使用する装置の基本的なメカニズムや工法は、くし兵衛工法と同様ながら、セメント杭の中心部に芯材として節付細径鋼管を埋め込み、地盤補強体として利用します。くし兵衛工法のセメント杭の真ん中に鋼管の「しん」を入れて芯材と改良体の一体化により、剛性と耐力を向上させています。くし兵衛工法と同様、対応する土質は砂質土、粘性土、ロームで深度は10mです。

〈メリット〉

くし兵衛工法によって実現する高品質な改良体に、鋼管の細径芯材を埋設して芯材と改良体を一体化させているため、剛性と耐力がより高まります。芯材の径はコラム

【図20】しん兵衛工法に使用する装置

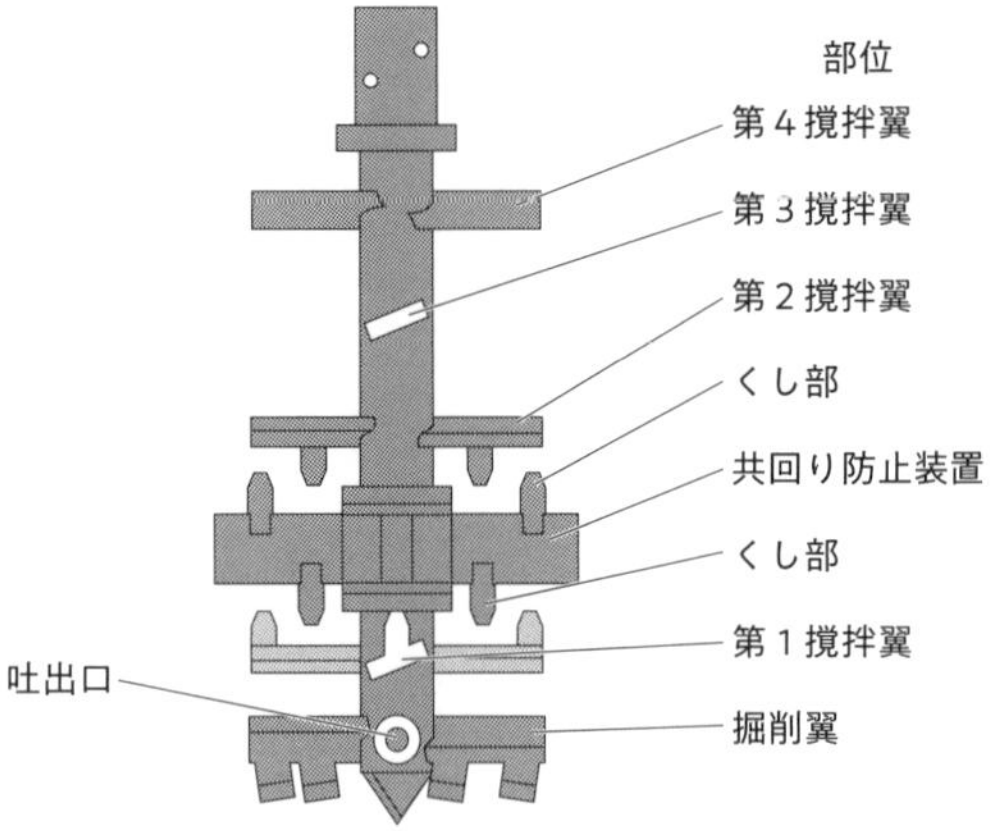

径が４００㎜の場合48㎜、コラム径が５００㎜の場合は60㎜、芯材の長さは深度１・５ｍから９・５ｍの間で50㎝ピッチで設定します。これにより高耐力と高支持力を実現しています。

〈注意点〉

特定の地盤（有機質土など）では、セメントが固まらないなどの固化不良が発生することがあります。ただし配合試験にて強度確認できれば採用可能です。

〈費用の目安〉

一般的な戸建住宅の場合、１棟あたり80

【図21】しん兵衛工法の施工工程

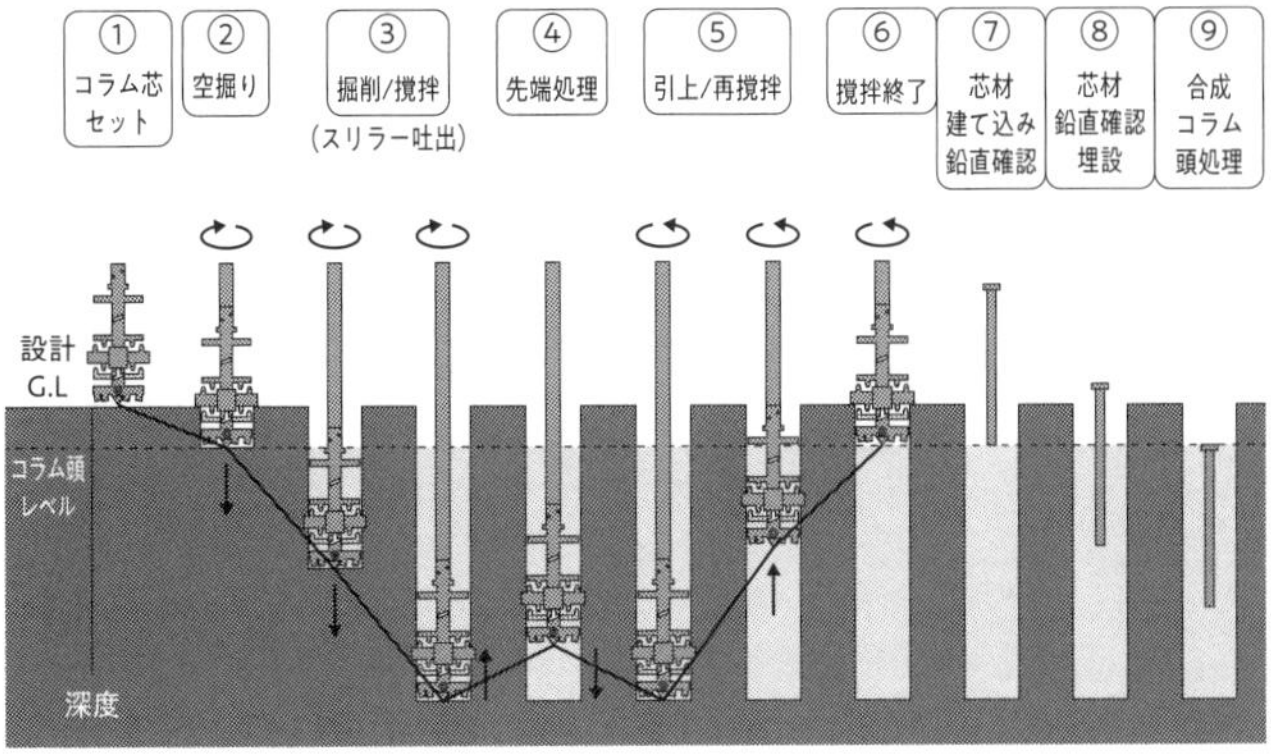

万円からとなります。

〈施工の手順〉

1　掘削攪拌装置をセットして、空掘りします。

2　スラリーを吐出し、掘削しながら攪拌していきます。

3　所定の深さに達したら先端部を処理します。

4　装置を引き上げながら、再度攪拌していきます。

5　攪拌終了後、芯材を建て込みます。

6　芯材とコラムを合成し、コラムの頭を処理します。

10）ファインパイル工法ｅｃｏ（性能証明：ＧＢＲＣ第12－25号　改）

セメントスラリーに専用の界面活性剤（ＫＮＮスラリー）を添加して混合撹拌します。ＫＮＮスラリーの活性作用により、ソイルセメントスラリーの粘度を低下させて流動化を促進し、安定した強度と均質性を確保した柱状の改良体を地盤に形成します。対応する土質は、ロームを含む粘性土と砂質土で深度は８ｍです。

〈メリット〉

安定した強度と均質性を確実に得るために、従来の機械的撹拌技術に新発想の化学的撹拌技術を加えました。すなわち界面活性剤（ＫＮＮスラリー）を活用してセメントスラリーの粘度を低下させ、撹拌時に土とセメントミルクを確実に混合させます。その結果、均一な強度をもつ安定した改良体が形成されます。撹拌に新技術を採用しているので、従来なら撹拌が難しかったロームや凝灰質粘土などもむらなく撹拌し、

【図22】ファインパイル工法eco

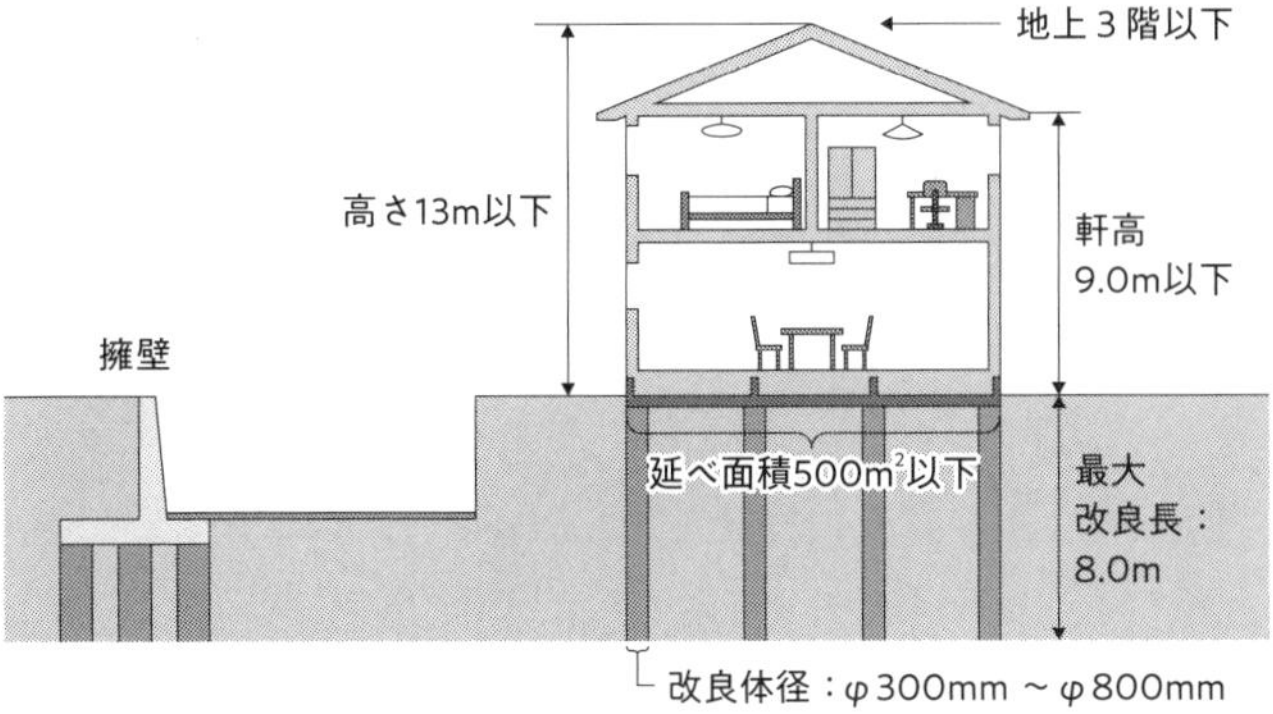

安定した改良体を形成します。土質を選ばす施工でき、打設時の振動や打撃音なども発生しません。セメントスラリーの径は４００㎜とほかの工法に比べて小さくなるため、コストを抑えられるだけでなく、残土の発生量も少なくなります。

〈注意点〉

特定の地盤（有機質土など）では、セメントが固まらないなどの固化不良が発生することがあります。ただし配合試験にて強度確認できれば採用可能です。

〈費用の目安〉

一般的な戸建住宅の場合、1棟あたり80万円からとなります。

〈施工の手順〉

1　掘削撹拌装置をセットします。
2　スラリーを吐出し、掘削しながら撹拌していきます。
3　所定の深さに達したら先端部を再撹拌します。
4　装置を引き上げながら、所定の速度と回転数で撹拌していきます。
5　最後に抗頭部の再撹拌を行い、混合撹拌を終了、杭頭を処理します。

11）Σ－i工法（性能証明：GBRC第10－13号　改）

先端に4枚の掘削刃とスパイラル状の翼部を取り付けた鋼管を、回転させながら貫

【図23】 Σ-i工法に使用する掘削刃

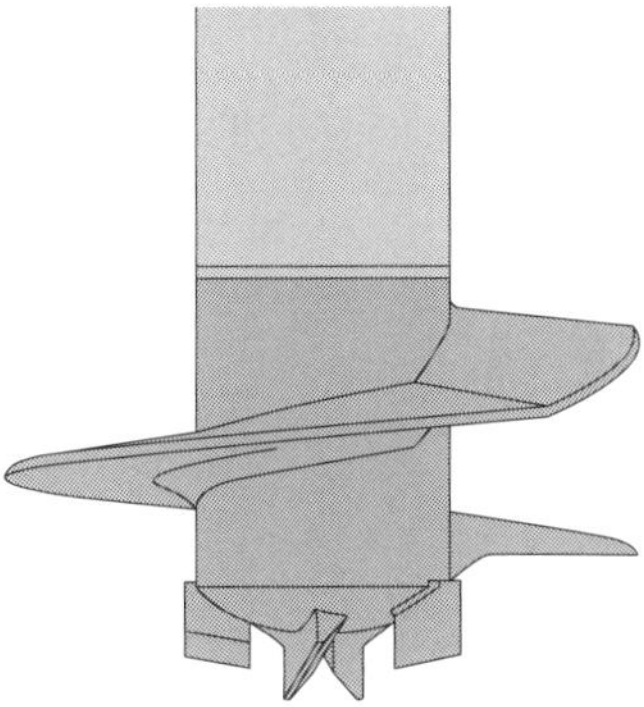

入して、杭状地盤補強剤として活用します。掘削刃により、掘削した土を中心から周縁部へと移動させます。掘削刃と一体成型されたスパイラル状の先端翼部が推進力を高めるので、固い支持層地盤にも容易に貫入できます。対応する土質は、粘性土、砂質土、礫質地盤で適応深度は鋼管径の130倍までです。

〈メリット〉

杭の先端に取り付けた翼部は、鋼管軸径の2・5～4倍となるため、大きな先端支持力を得られます。先端翼については、地盤などに合わせて複数の鋼管を選択できます。また先端翼部は信頼性を確保するため、すべて通し番号に

【図24】 Σ-i工法

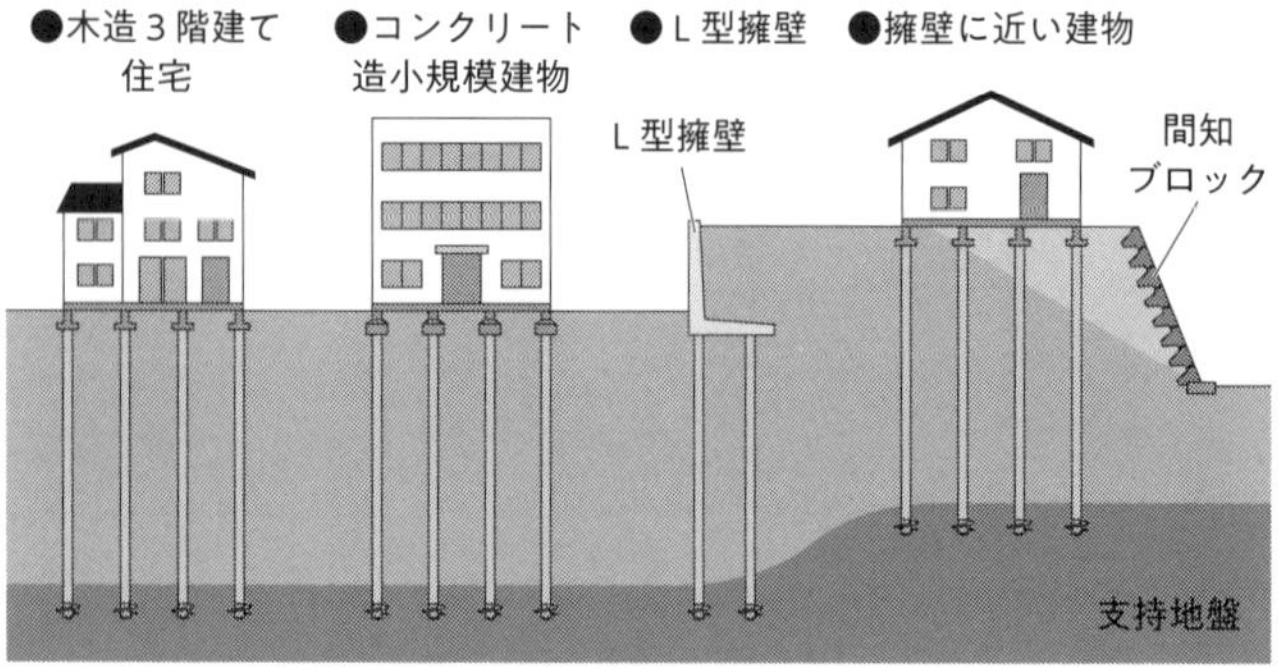

※Σ-iの適用構造物：①地上3階建て以下、②高さ13m以下、
③延べ床面積1500m^2以下（平屋に限り3500m^2以下）、および高さ3.5m以下の擁壁。

よるロット管理を行っています。回転貫入施工のため、振動や騒音を極力抑えることができ、施工による排出土も発生しません。施工に際しては小型機器で対応できるため、狭小地でも施工可能で、一般的な住宅の場合、施工期間は1〜2日で終了します。

〈注意点〉

支持層が明確でない場合使用できません。また水平力については検討できません。

〈費用の目安〉

一般的な戸建住宅の場合、1棟あたり80万円からとなります。

〈施工の手順〉

1　杭を吊り込んで回転駆動治具に装着し、下部を揺れ止め装置で固定します。
2　杭を回転させながら圧力を加えて貫入させます。
3　必要に応じて、杭を溶接または機械式継手により接続します。
4　支持層への根入れの深さの確保をトルク値などにより確認し完了します。

12）スーパーＮＰ－ＰＡＣＫ工法ｅｃｏ（性能証明：ＧＢＲＣ第12－21号　改）

先端に3枚の掘削刃を付けたストレート型鋼管杭を無回転または回転時に高圧入力で圧入します。圧入抵抗が大きくなるにしたがって、高トルクの回転を加え、所定の地盤に確実に貫入して打ち止めします。対応する土質は、粘性土、砂質土、礫質土で適応深度は13ｍです。支持力は先端支持力と周面摩擦力によって得ています。

【図25】スーパーNP－PACK工法eco

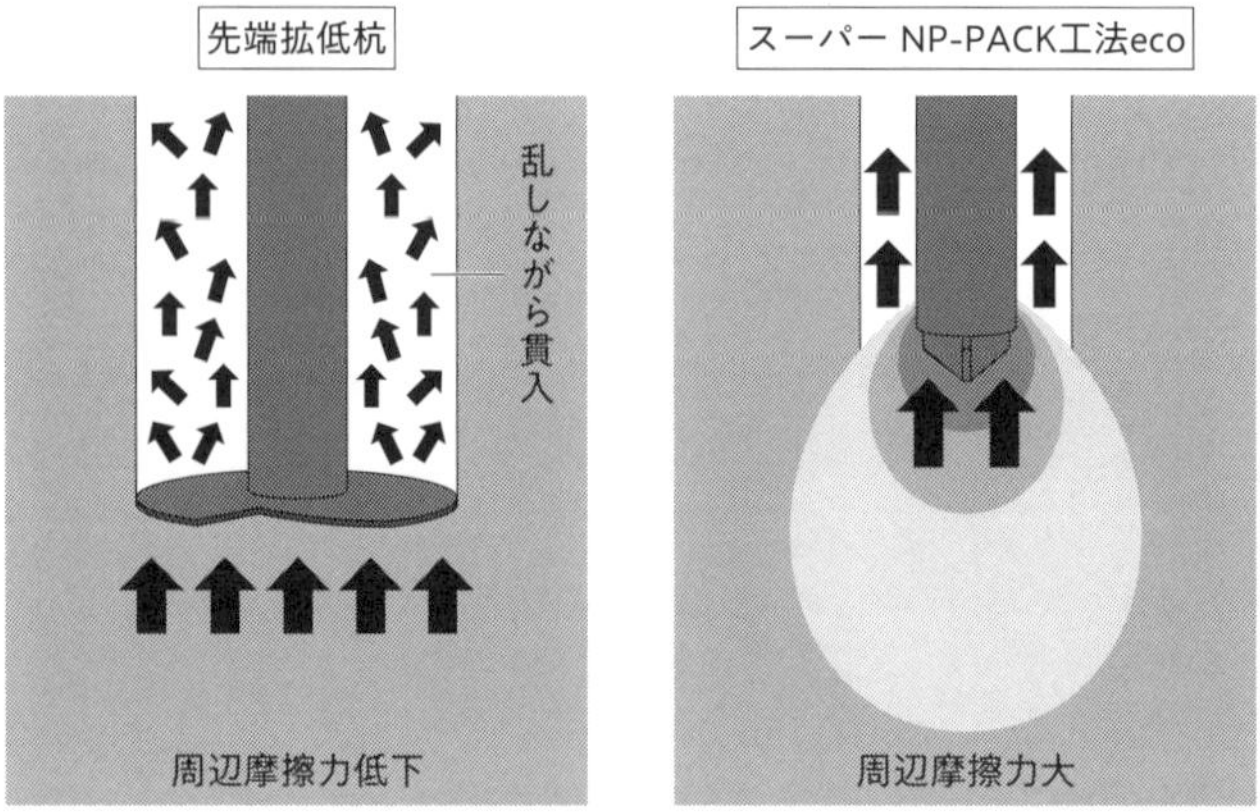

〈メリット〉

鋼管先端地盤についても、粘質土、礫質土を含む砂質土の両地盤で対応可能です。施工期間は、柱状改良工法の2分の1程度と短く、一般的な羽根付き鋼管工法と比べても、貫通力に優れた先端形状により施工時間を短縮できます。施工の際の打設時には振動や打撃音などはなく、残土も発生しません。SWS試験（現在のスクリューウエイト試験＝SWS試験）での設計が可能です。

〈注意点〉

支持層が明確でない場合使用できません。

〈費用の目安〉

一般的な戸建住宅の場合、1棟あたり80万円からとなります。

〈施工の手順〉

1. 鋼管を吊ってセットします。
2. 初めは無回転で圧入し、次に正回転で圧入します。
3. 必要に応じて鋼管を継ぎ足し、溶接して圧入します。
4. 打ち止め完了後、頭部処理を行います。

13）CDP工法（性能証明：GBRC第15－19号）

ケーシングを用いて砕石をパイル状に無排土で打設し、緩く積み重なった砂質土地

【図26】CDP工法

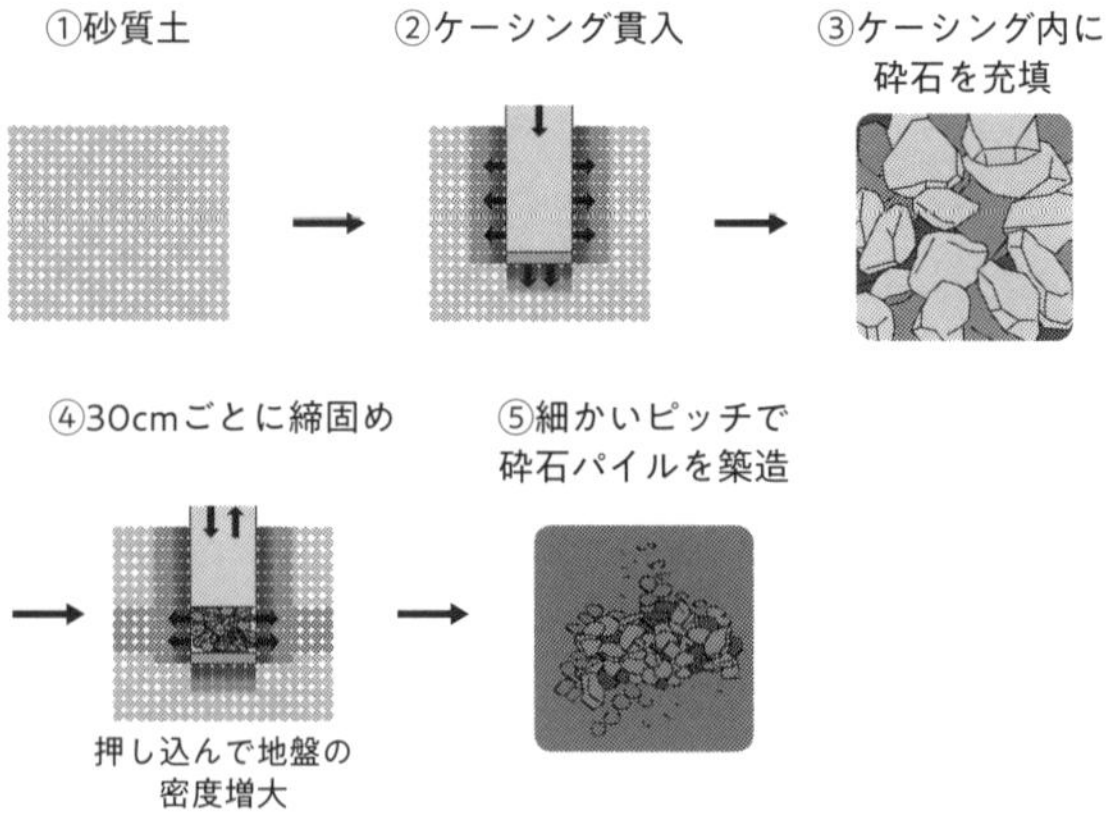

盤の密度を増大させます。ケーシングによる先行掘削で、地盤を密に固める効果があります。砕石の利用により、過剰な間隙水圧も消し去る効果も備えています。これらにより液状化の発生そのものを抑制します。対応する土質は砂質土で、適応深度は6mです。

〈メリット〉

締固め工法により、地盤の密度を増大させ、液状化しない強靭な地盤を造ります。使用する装置が小型で施工期間も短いため工費を抑えられます。工事は無排土となるため、残土処理は不要です。施工後に再度ボーリング調査を行い、地盤密度の増大と安全性を確認します。これにより品質保証書を発行し、10年間にわたり品質を保証します。

〈注意点〉

水平力については検討できません。また適用地盤は、砂質土のみとなります。

〈費用の目安〉

1物件あたり150万円からとなります。

〈施工の手順〉

1　フタをしたケーシングを土中に貫入します。
2　ケーシング内に砕石を充填します。
3　ケーシングを引き上げながら荷重を掛けて砕石を締め固めます。
4　細かいピッチで砕石パイルを築造します。

14）ＲＥＳ－Ｐ工法（性能証明：ＧＢＲＣ第04－02号）

弱い地盤中にパイプ（細径鋼管）を貫入して、地盤とパイプの複合作用で地盤を強化し、沈下を防ぐ基礎地盤補強工法であり、パイルド・ラフト（＝杭付きベタ）基礎工法の一種です。対応する土質は、粘性土と砂質土で、適応深度は14ｍです。支持力は地盤の支持力に加えて、貫入させるパイプの支持力を併せたものとなります。

〈メリット〉

自沈層が10ｍ以上堆積している、軟弱層の厚い地盤でも適用できます。施工は基本的に1日で終わり、施工後はすぐに基礎工事の着工が可能です。専用加工機は小型で、鋼管以外に機材を必要としないので狭小地でも施工可能です。低振動・低騒音で施工でき、残土が発生しません。

【図27】RES－P工法

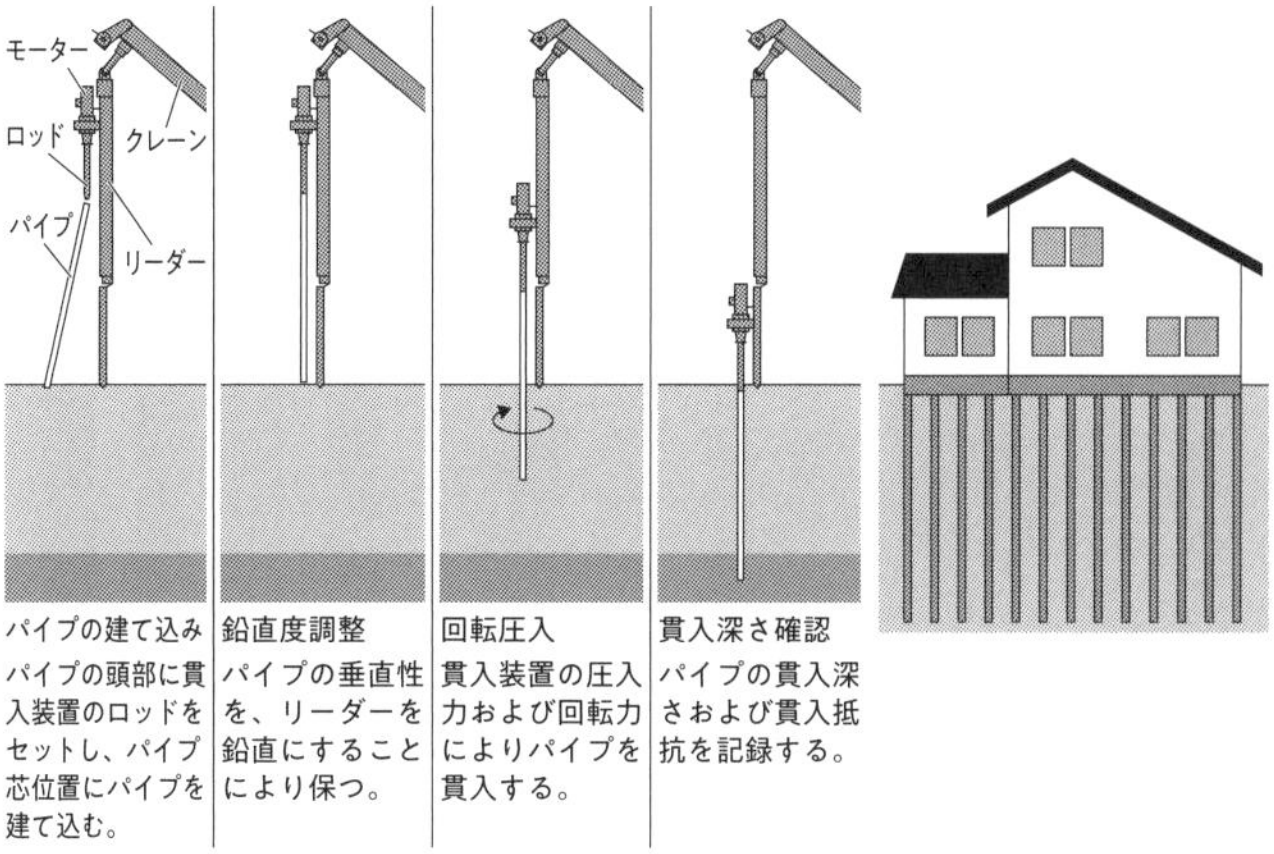
モーター
ロッド
クレーン
パイプ
リーダー
パイプの建て込み
パイプの頭部に貫入装置のロッドをセットし、パイプ芯位置にパイプを建て込む。
鉛直度調整
パイプの垂直性を、リーダーを鉛直にすることにより保つ。
回転圧入
貫入装置の圧入力および回転力によりパイプを貫入する。
貫入深さ確認
パイプの貫入深さおよび貫入抵抗を記録する。

〈注意点〉

ピート地盤および地震時に液状化の恐れのある地盤には適用できません。水平力については検討できません。

〈費用の目安〉

一般的な戸建住宅の場合、1棟あたり80万円からとなります。

〈施工の手順〉

1　パイプを建て込みます。

2　貫入装置の圧入力と回転力によりパイプを貫入します。

3　パイプの貫入深さを確認します。

4　貫入抵抗を測定して完了します。

国土交通大臣認定工法

国土交通大臣認定工法とは、国土交通大臣が認定した工法であり、建築基準法68条の10に規定されている型式適合認定を意味します。認定を受けるためには、メーカーが性能試験を実施し、その結果に基づいて国土交通省の指定する性能評価機関が性能評価書を発行します。この性能評価書を添付した認定申請書を提出して、国土交通大臣に認定されれば、認定書が発行されます。

大臣認定を取っていれば、認定条件で使用する場合は、構造などの性能検討を省略できます。また採用する側も、お墨付きをもらっている工法であるため安心できます。

15）アルクトップ工法

建築技術審査証明
・先端地盤：砂質地盤　認定番号：TACP－0384
・先端地盤：粘土質地盤　認定番号：TACP－0385

先端部品に一体型成形の鋳鋼品を採用した鋼管杭工法です。この先端部により、安定した品質と最適な寸法形状を確保します。先端の形状はストレート型と拡底型の2種類あります。ストレート型は周面の摩擦力と先端抵抗力で支持力を発揮します。拡底型は、先端抵抗力によって支持力を発揮します。対応する土質は粘性土の場合は16・5m以内、砂質土（礫質地盤を含む）の場合は19mです。

〈メリット〉
適応深度が深いので、地表から軟弱な地盤が厚く続き、支持層が深いところにある地盤で建物をしっかりと支えます。地盤条件に応じた経済的な設計を行うため、鋼管の軸部の径は89・1㎜から267・4㎜までの8種類を用意しています。セメント系の固化材を使用しない工法で、残土も発生しません。低振動・低騒音のため工事中に近隣に迷惑を掛ける心配もありません。

〈注意点〉
支持層が明確でない場合は、使用できません。

〈費用の目安〉
1物件あたり150万円からとなります。

〈施工の手順〉
1　杭を立て込んでセットします。
2　杭を回転させながら貫入し、必要に応じて押し込み力を掛けます。

3　必要に応じて杭を溶接もしくは機械式継手により継ぎ足します。
4　打ち止め管理方法に基づいて打設を完了します。

16）ニューバースパイル工法

建築技術審査証明
・先端地盤：砂質地盤　認定番号：TACP－0329
・先端地盤：粘土質地盤　認定番号：TACP－0330

独自開発された先端拡底羽根を採用する、高い支持力をもつ基礎杭技術工法です。先端拡底羽根が回転貫入の推進力を発揮し、同じ径の鋼管杭と比べて先端支持力が大きくなります。軸径は76・3㎜から190・7㎜まで7種類とバリエーションが豊富です。対応する土質は、粘性土、砂質土（礫質地盤を含む）で、適応深度は最大24・7mです。

〈メリット〉

支持地盤の確認と打ち止め管理は、あらかじめ調査データにより各パターンを想定したうえで、貫入速度と回転トルク値を実測し、確実な設計支持力を得られるよう管理します。先端翼のアンカー効果で、引き抜き抵抗力も大きくなります。施工は専用装置ではなく、通常の建柱車でも可能で、狭小地でも施工できます。施工時に残土を発生することもなく、低騒音・低振動で施工できます。

〈注意点〉

支持層が明確でない場合は、使用できません。

〈費用の目安〉

一般的な戸建住宅の場合、1棟あたり150万円からとなります。

〈施工の手順〉

1　杭を立て込んでセットします。

2　杭を回転させながら貫入し、必要に応じて押し込み力を掛けます。

3　必要に応じて杭を溶接もしくは機械式継手により継ぎ足します。

4　打ち止め管理方法に基づいて打設を完了します。

第4章

ポイントは「施工実績」の見方

トラブルを避けるために重要な業者選び

業者を選択する際に見極めるコツ

地盤改良工法には、数多くの種類があります。しかし、だからといって施主が地盤改良について口出しできるものなのかと疑問に思う人も多いはずです。実際になんらかの注文をだせるかどうかは、施工会社によって変わってきます。なぜなら、地盤改良についての業界標準の考え方や施主に対する一律の対応ルールなどがないからです。

そもそも地盤改良を行うとなれば、その前に必ず地盤調査が行われているはずです。その地盤調査については昨今、施主の立ち会いのもとで行われるケースが増えてきました。自分の大切な資産となる土地だから、そこがどういう状態なのか知っておきたい、そう考えるのは施主としてごく自然な心理です。しかも調査費用を捻出するのは施主です。そのため、調査に立ち会うのは当然の権利といえます。

ただし、地盤調査については妙な業界タブーがあるのも事実です。仮に施主が現場にやってきて、調査員と話をしたとします。その際に調査員に対しこの土地の地盤は安心しても良いか、それともなんらかの地盤改良が必要になりそうですかなどと尋ねても答えようがないのです。

このような施主からの質問に対して、調査員が施主になんらかの不安を与えるような回答を行うことは、業界内ではタブーとされています。そのため調査員は調査結果は伝えられないと答えるだけです。

もとより、データを解析してみないと確かな話をできないのは至極当然の話であり、調査員が嘘やごまかしを話しているわけではありません。ただし、何年か経験を重ねた調査員であれば、それまでに数多くの土地を見てきているはずです。さらにはその土地の解析データも目にしたり、現地調査に掛かる前に近隣の状況もひととおりはチェックしたりしています。周辺状況までしっかりと見ている地盤調査のプロの目からすれば、例えば周辺の家屋が傾いていたり、壁に亀裂などが入っていたりすると明らかに分かります。仮にブロック塀にたわみがでていたり、道路が波打っていたりすればこの土地はかなり危ないという判断を自分なりにその場でつけているはずです。

けれども、そのような意見、それも施主にとって不安を与える情報を伝えることは絶対にしてはいけないというのが業界の風習となっているのです。

ここであえてこのような内情を伝えるのは、この悪しき慣習にあえて一石を投じたいと考えているからです。そもそも地盤調査の費用を捻出しているのは施主です。そのため、調査で得られたデータや解析結果も含めて、施主はすべてを見る権利があります。このデータと解析結果に対して施主は対価を支払っているのです。

したがって、データを含めて調査結果はそのまま施主に見せてきちんと説明するのが道理です。それも通り一遍の説明ではなく、問題がある場合は包み隠さずに話をするべきです。その結果、地盤改良が必要だとなれば、それもきちんと費用を含めて話をする、これが本来のあるべき姿です。私の会社では、施主に対して正しい情報を伝えるよう調査員に対する教育を徹底しています。

万が一、地盤改良が必要との調査結果がでているにもかかわらず、なんの対処もせずに家を建ててしまえば、不同沈下を起こす可能性がとても高くなります。不同沈下などの問題が発生したときのために保証制度があるのだろうといわれれば、そのとおりです。しかし、調査結果にしたがって地盤改良をしていれば、そもそも不同沈下などは防げた可能性もあるのです。ひとたび不同沈下を起こした土地は、評価額を大ききく下げてしまいます。つまり資産価値が損なわれてしまいます。施主に不利益をもたらすような行為は、可能な限り避けるべきだと思います。

そのため、まず地盤調査はしっかりと行うべきです。その際にはできるだけ施主も立ち会い、調査員や調査会社にきちんと説明を求めます。この一連のプロセスが確実に守られるかどうかについて、施主は土地購入を決める前段階、つまり施工会社などと話を始めるときにまず確認しておくことが必要です。

仮に調査を行った結果に納得できない場合は、別のところでセカンドオピニオンを求める可能性があることも、最初に施工会社に伝えておくと良いです。そのうえでやはり地盤改良が必要となった場合には、改良工法については複数の選択肢を提示することも条件として、最初に施工会社に伝えておくべきだといえます。

これらは施主の権利として求めて然るべき内容です。こうした施主の要望に対して前向きに応えてくれる相手かどうか。つまり、土地と家という大きな資産入手を交渉するのにふさわしい相手かどうかを判断すべきです。これは貴重な資産を間違いなく手に入れるために、とても大切なプロセスです。

建売住宅を買う場合は地盤調査データを求める

本書は基本的に、新たに土地を買い求め、その土地に希望どおりの住まいを建てる、いわゆる注文建築を考える人を対象としています。とはいえなかには、建売住宅も選択肢に含めて検討している人もいます。そのような人も販売業者に地盤調査データを見せてほしいと交渉すべきです。

建売住宅の多くは数軒の家を建てられるぐらいの広さの土地を業者が一括購入し、そこに宅地を造成しています。その際によく転用されるのが、昔は田んぼだった場所です。

開発する側から考えれば、田んぼの持ち主はある程度限定されています。そのため、大規模なまとまった土地を手に入れる際に、複数の地主と面倒な交渉などせずに土地を入手できます。そこを一斉に造成してしまえば、きれいな住宅分譲地が出来上がるのです。それだけでなく、その場所が商業施設や交通機関の駅などに近ければ、販売価格もそれなりに見込めます。そもそも土地に恵まれない日本の平野部で、宅地に転用できる残された土地といえば、田畑が一番の選択肢となるはずです。

ただし、かつて水田だった土地が宅地に適しているかといえば、決してそうはいい切れません。実際には不同沈下の恐れがあり、地震の際には液状化も心配されるような土地です。そのような土地の性質は、大手のハウジングメーカーなら当然分かっています。そのため、大手がそのような土地を開発する際には、まず念入りに地盤調査をしたうえで、必要であれば地盤改良も十分に行います。もちろん、そのためにはそれなりのコストが掛かります。けれども、それも含めてハウスメーカーは、自社のブランド価値を維持するためのコストと考えています。買い手からすれば、ブランド価値のなかに安心感も認められているから、少々高くても購入に至るのです。

これに対して地場の施工業者などのなかには、地盤改良に十分なコストを掛けるだけの余力をもたないところもあります。仮に10棟をまとめて建てられるような現場があったとして、その土地全体の地盤改良に必要なコストが数千万円だとすれば単純計算で1棟あたり数百万円のコストが必要になります。それを売価に上乗せできるかどうかが問題です。

地盤調査を行った結果、自社の販売価格帯からそんな価格では売れないと判断した場合、リスクがあるのを承知のうえで宅地造成を行って家を建てるようなケースはさすがにあり得ません。しかしながら、十分な地盤解析業務など行わずに建ててしまうケースはないとはいい切れないのです。

いずれにしても、地盤調査データをまず見せてください、と交渉の最初に一言告げたときの相手の対応で実態をうかがい知ることができるはずです。

外見が気に入った、設備が整っている、駅から近くて便利、など住宅に求める条件はもちろん買い主によりさまざまです。ただし、住宅とは買って終わりではなく、そこに暮らし始めてからがスタートであり、長期間にわたって安心して暮らし続けられるかどうかが重要なのです。

多くの人にとって家とは、一生の間に何度も繰り返すような買い物ではないはずです。ひとたび手に入れれば、少なくともそこに10年以上は暮らし続けるのが、わが家です。だからこそ慎重のうえにも慎重を期して、後悔しない住まいを手に入れるべきです。そんな思いからのアドバイスとして受け止めてもらえれば幸いです。

地盤改良工法についての考え方

もし注文住宅を建てるために土地を購入し地盤調査を行った結果、地盤改良を行う必要が明らかになった場合の改良工法はいくつもあります。大まかに分ければ、軟弱な地盤が浅い場合は表層の地盤だけをセメントなどで固めればよく、軟弱地盤が深い場合は、柱状改良つまりセメントなどを使って地中に柱状の構造物を造って支えるか、鋼管の杭を地中に打ち込んで支えるかの２つです。環境パイルは加工した木材を杭として使う工法の一つと考えられます。

そこで施工会社、あるいは施工会社が指定する地盤改良工事を請け負う業者を選ぶ際の重要な判断基準となるのが、どれだけの選択肢をもっているかということです。この工法でしか地盤改良をできませんなどと選択肢が１つしかない業者を使うのは、できる限り避けるほうが良いといえます。軟弱地盤がどれぐらい深いのか、またその地盤の土質によっても、最適な地盤改良工法は大きく左右されるからです。土地の状況に応じて、改良工法には適・不適があります。

例えば地下に有機質土、腐植土などが混在している場合には、基本的にセメントは使えません。なぜならセメントはそのような土と相性が悪く、混ぜてもしっかりと固まってくれないからです。その結果、柱状改良によって、しっかりした柱を支柱に使っているつもりでも、柱の一部に脆弱な部分ができてしまいます。そこに上から建物の荷重が掛かってくると、不同沈下を起こす危険性がでてきます。

残念ながら地盤調査をSWS試験だけで済ませていると、こうした土質を判定する際の精度が高くないため、腐植土があるかどうかを正確には見極められないのです。そのため最近では、少なくとも敷地の中心部ではSDS試験を併用し、少しでも精度を高める工夫をするようになっています。

ただし、地盤調査の結果に基づいて、どの改良法を選ぶのかは基本的に設計者の判断に任されるケースが大半です。そこで施主としては、設計者に対してなぜその改良法を選ぶのかについてや、改良法のメリット・デメリット、さらにはほかの選択肢についてもあらかじめ話をしておくべきだと考えます。もちろん設計士はプロであり、専門知識も豊富にもっています。これに対して施主は素人であり、本書などを読んでにわかに知恵をつけただけかもしれません。それでも、地盤改良の費用を出すのは施主です。そのため、納得のいく説明を求める権利は、当然あります。

地盤改良工法の見極め方に、絶対正解といった方法はありません。それでも、提案された工法が「建築技術性能証明取得工法」あるいは「国土交通大臣認定工法」であるかどうかをまず確認します。いずれも性能試験を行ったうえで認められた工法、いわばお墨付きの工法です。最近では地盤改良工事を行う際の工法の8割程度は、これらの性能証明工法が採用されています。逆にいえば、万が一、性能証明工法でないものを提案された場合は要注意です。

各工法についてはそれぞれメリットがあり、採用する場合に注意すべきポイントがあります。もちろん工法によって費用も変わってきます。実際に工事を行う場合には、改めて工事内容とそのメリット、もしある場合はデメリットについてもしっかり説明してもらうのが良いです。その際にはコスト確認も必要です。

コストで注意が必要なのは、柱状改良などで残土が出る場合です。昨今では残土処理が厳しく問われるようになっていて、その処理コストが意外に高くつくケースがあります。残土に関しては不適切処理を防ぐために、国土交通省がトレーサビリティ制度導入の検討に入るなど適切な処理が欠かせなくなっています。国土交通省のトレーサビリティ制度が施行されれば、残土の発生現場や量、運搬業者の動きから処分先までがデジタル化され一元管理が行われるようになります。こうした動きは、熱海市で起きた大規模な土石流災害を受けて進められており、各自治体でも同様に残土の扱いには規制が設けられているので注意が必要です。

また柱状改良と鋼管杭を使う地盤改良工法のいずれにおいても考えるべきなのが、打ち込むべき杭の本数と位置です。家を建てる場合なら、当然柱の位置によって荷重の掛かり方は変わってきます。大黒柱という言葉が象徴しているように、家には重量をしっかりと支える柱が何本かあります。地盤改良を行う際には、当然その柱の下でしっかりと重量を受け止められるように杭を打ち込む必要があります。

これら杭を打ち込む場所を記した図面は「杭芯図」と呼ばれます。以前は通常の地盤改良工事では基本的に建物の構造に関係なく、一定間隔（基本的に２ｍとされます）で杭が配置されていました。これは均等配置と呼ばれるやり方です。もちろん強度については、これで問題はありませんが、結果的にオーバースペックとなるケースが多いのです。つまり強度を考えれば、必要のない場所にも杭が配置され、そのために地盤改良のコストが割高についてしまいます。

これは施主にとって好ましい状況とは決していえません。実際、大手のハウスデベロッパーなどでは、無駄な杭打ちは基本的に行われていません。次ページで説明する、図28が地場の工務店による改良設計図、図29が大手ハウジングメーカーの改良設計図です。

図の中の○印が杭の位置を表しています。図28ではほぼ均等に杭が配置されているのに対して、図29では決して均等ではなく、図29の図中の右下の隅には杭がありません。

なぜこのような違いが出るのかといえば、左の設計ではどこにどれだけの荷重が掛かるかを綿密に計算しているからです。この計算を構造計算と呼びます。

【図28】地場の工務店の改良設計図

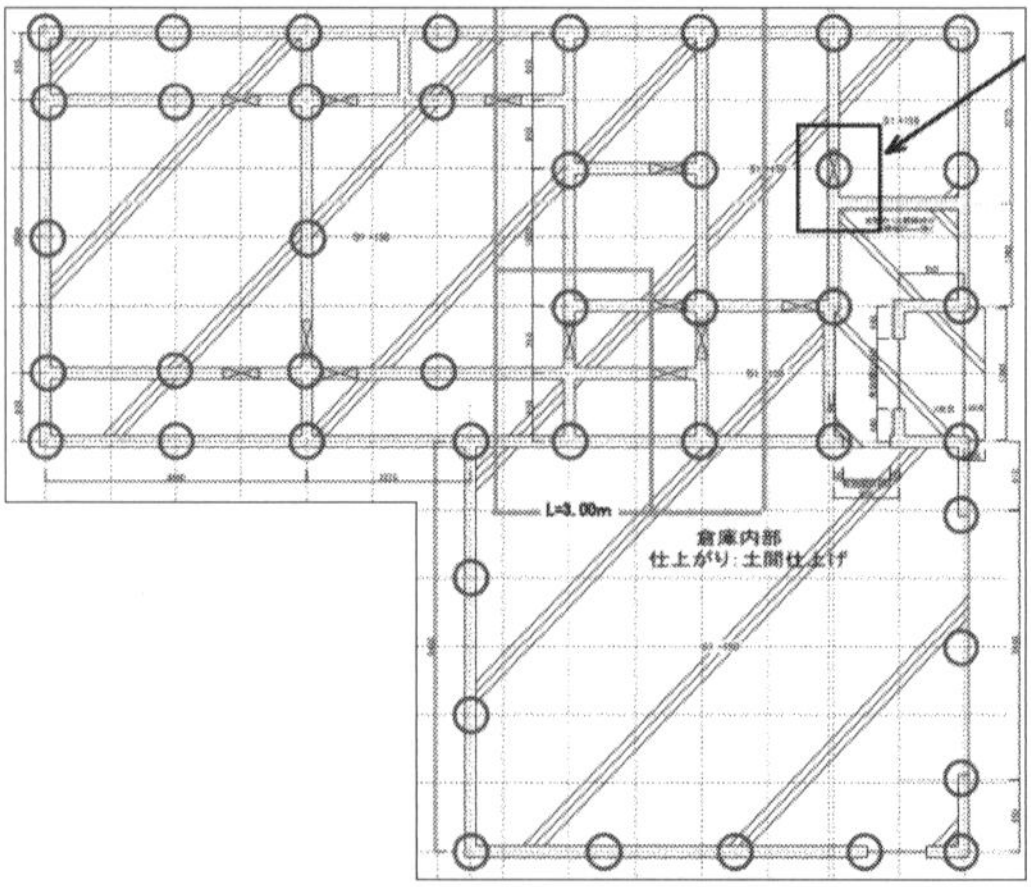

【図29】大手ハウジングメーカーの改良設計図

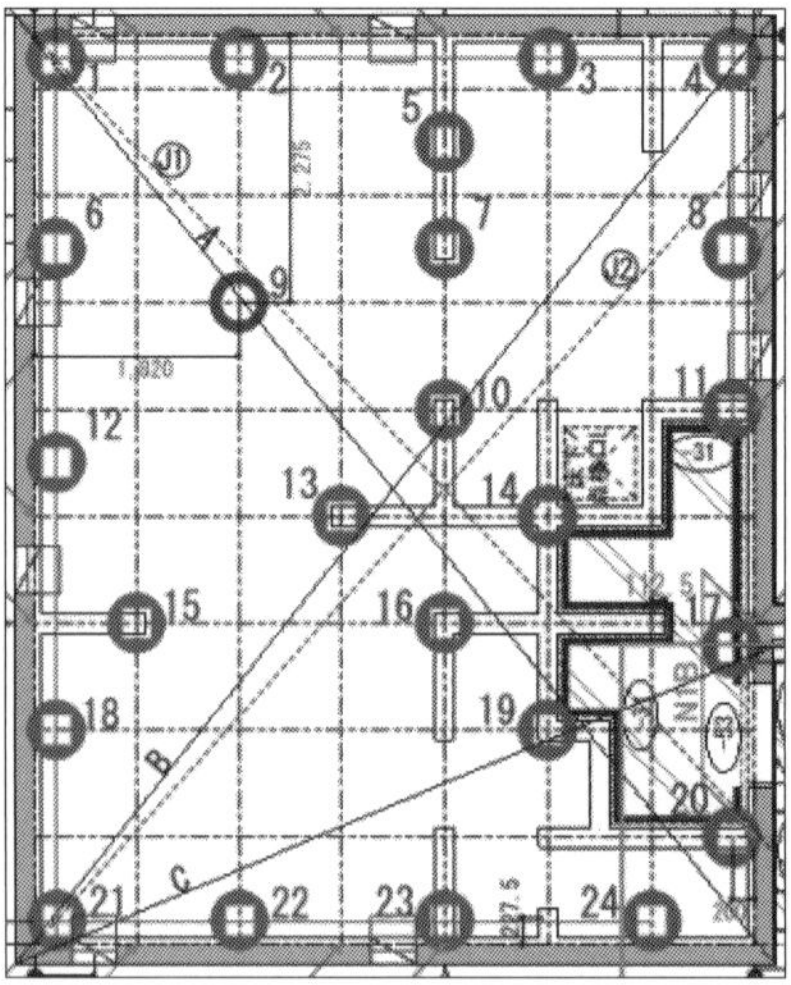

構造計算を巡る問題とその解消法

構造計算とは、一言で説明するなら「建物の構造の安全性を理論的に確認するための計算」です。建物にはさまざまな力が掛かっています。そこで構造計算ではまず建物のすべての重さを調べて、どこにどのような力が掛かるかを調べます。具体的には建物の重さによる鉛直力に加えて、台風や地震の際に建物に横から加わる力すなわち水平力を合わせます。これらの力に対して、建物を支える柱や梁が十分に耐えられるかどうかを検証するのです。構造計算では、主に次の3つの計算を行います。

ルート1：許容応力度計算
ルート2：許容応力度等計算
ルート3：保有水平耐力計算

ルート1の許容応力度計算では、まず建物に掛かる重さを調べます。これには建物の自重、建物の床の上に載せられる家具などの重さ、雪の降る地域では積雪時の梁に掛かる雪の重さ、さらに太陽光パネルやグランドピアノなど特に重量のあるものの重さを計算します。これらの重さがすべて下のほう、つまり建物の基礎やさらにその下の地盤に掛かる力となります。まずはこの重さに、建物の材料が耐えられるかどうかを調べます。

続いてルート2では地震が起きた際に、建物に掛かる力を建物の重さから換算します。さらに台風が来たときに、風圧によって建物に横から加わる力を調べます。地震や台風が来たときの建物の傾きは層間変形角と呼ばれます。建物の上下階の強度のバランスは剛性率、建物の重さと強度の偏りは偏心率です。ここまでが構造計算であり、その結果を示す資料が構造計算書です。

ルート3は、保有水平耐力、つまり大地震の際に建物が耐える力を計算します。地震によって、建物が大きく傾いたときに、どれだけ粘り強く耐えられるかを、各階の柱、耐力壁および筋かいが負担する水平せん断力の和として求めます。

地盤改良の杭は、建物の重みを受け止めるためのものです。したがって杭を打つ場所は、建物の荷重の掛かる場所となります。だから本来なら地盤改良を行うためには、構造計算をセットで考える必要があります。この構造計算に必要なコストは、木造住宅の場合ならざっと20万〜30万円です。

仮に20万円のコストを掛けて構造計算を行ったとしても、その結果として地盤改良で打ち込む鋼管杭を数本減らせたなら、十分に元の取れる可能性があります。なにより構造計算をしっかり行い、その結果に基づいて家を設計していれば、その住宅は台風や地震に見舞われても基本的に安心していられます。

もともと鉄骨や鉄筋コンクリートなどの重量物を使う建築物では、構造計算を行わなければならないと法律で定められています。ところが木造住宅には「四号特例」と呼ばれる抜け道があり、面積500平方m以下、2階建て以下などの建物については、構造計算は義務化されていないのです。

正確には建築基準法第6条1項4号に規定される建物で、2階建て以下、延べ面積500平方m以下、高さ13m以下、軒の高さ9m以下の木造建築物が「四号建築物」と呼ばれます。この四号建築物で建築士が設計した建物であれば、建築基準法第6条の4第3号により建築確認の審査を省略できるというのが四号特例です。建築確認審査が不要であれば、構造計算をし構造計算書を提出する必要もありません。

そのため、これまでは、日本の木造建築住宅の多くで構造計算が行われてきませんでした。その結果、地盤改良の際の杭の打ち方もそこに掛かる荷重を考慮せず、単純に2m間隔という、あえていえば根拠のない数字に基づいて行われてきたのです。

そうすると構造計算を行わない場合の地盤改良では、杭の配置は一定間隔で配置するしかありません。この問題を解決するために開発されたシステムが「B－STR（ビーストラ）管理システム」です。

「B－STR管理システム」は、建物の構造や重さ、間取りなどにより建物の荷重を計算して、基礎が負担する荷重を算出します。そのうえで、基礎部分の構造計算を行い、改良杭の位置や本数などが最適になるよう計算します。その結果、同じ敷地で同じ建物を建てる場合でも、必要な杭の数と配置を適正化でき、コスト削減につながります。

すなわち建物の実荷重を基に計算して過剰設計を防ぎ、基礎の構造計算を行って改良杭の間隔を一律2mとはせずに最適化します。さらに地盤の反力も計算に入れて杭の配置を考えます。この「B－STR管理システム」は特許（第5686852号）を取得済みです。

さらに「B－STR管理システム」では、クラウドネットワークによる工事データ管理までを行います。つまり改良現場での工事状況は常に現場からインターネットを介してデータサーバーにアップロードされるため、途中段階での不正入力や改ざんの恐れはいっさいありません。

まとめると、設計を依頼する際には可能な限り構造計算まで含めた設計を求め、万が一、構造計算を行わない場合でも「B－STR管理システム」のようなシステムを活用して、地盤の安全性を確保しながらコスト削減も両立させるということです。注文住宅でも、このような選択肢があるのです。

四号特例の改正と影響

施工会社や建築士にとっては都合の良い制度だった四号特例が、今後変わる可能性がでてきました。その理由は、熊本地震での木造住宅に関する大きな被害などをきっかけとして、木造住宅の安全性が問題視されるようになってきたからです。構造計算を行わずに建てられる木造住宅には問題があると考えられるようになり、その関連で四号特例を縮小する法案が２０２２年４月に提出されて、５月には衆議院で可決、６月に公布されました。

この法案により、今後は木造住宅でも多くが構造計算を必要とされるようになり、ひいては地盤改良も変わってくると思います。法案成立の背景にあるのは、ＺＥＨすなわちネット・ゼロ・エネルギー・ハウス（net Zero Energy House）の普及です。太陽光パネルを屋根上に設置して自家発電を行い、可能な限り必要な電気をそれでまかなうのです。このＺＥＨで問題となるのが、屋根に追加で掛かる重量です。

太陽光パネルの重さは、パネル１枚あたりざっと15kgとされています。これを屋根の上に20枚敷き詰めると総重量で300kgとなります。パネルを設置するための架台も含めれば、重さは400kgぐらいになります。結構な重さが追加されることになり、その影響は特に地震などが起こったときには無視できなくなります。

こうした状況に追い打ちをかけるように発表されたのが、東京都による新築住宅での太陽光パネル義務化制度です。もとより現時点（2022年11月）では太陽光パネル設置の義務化を目指すと発表されているだけで、まだ確定したわけではありません。ただし2022年12月の都議会で議決し、2025年4月からの施行を目指す方針が明らかにされています。もっとも義務を課せられるのは、住宅を購入する消費者ではなく、大手の住宅メーカーです。また太陽光発電だけに限るのではなく、太陽熱や地中熱を利用する設備でも良いとされています。とはいえ基本が太陽光発電であれば、パネルの荷重を設計時には考慮する必要があります。

このような動きもあり、四号特例は廃止される流れにあるといえます。従来なら特例として扱われてきた2階建て以下、延べ面積500平方m以下、高さ13m以下、軒の高さ9m以下の木造建築物が法改正後は2号建築物、もしくは3号建築物となります。このうちの3号建築物とは1階建てで床面積が200平方m以下のものです。したがって1階建てでも床面積が200平方mを超えると2号建築物となり、2階建て以上の建物はすべて2号建築物、すなわち建築確認・審査の対象となります。建築確認の際には構造計算などの設計図書も提出が義務付けられます。

今後増えると予測される太陽光パネルの設置について、壁量計算を含む構造計算がきちんと行われていればそれに基づいて適切な地盤改良を行えるので、より安心な改良工事となります。太陽光パネルの設置義務は、現時点では東京都だけの話にとどまっています。けれども、2050年までにカーボンニュートラルを目指す政府の方針を踏まえるなら、各自治体も東京都に追随する可能性があります。

建物が重くなるのであれば、当然それに耐えられるだけの地盤が必要となります。地盤の堅固な土地の限られている日本では、地盤改良の必要性が今後はますます高まると考えられます。

広域沈下地帯の問題

住宅の地盤によって起こる問題として、不同沈下が挙げられますが、一方で日本には広域沈下地帯が存在します。例えば、高度経済成長期には全国各地で深刻な地盤沈下による被害が起こりました。その主な理由は地下水採取によるものです。もとより昔から地下水は利用されてきましたが、大正時代の頃から揚水技術の進歩に伴い、大量の地下水が採取されるようになりました。

その結果、例えば東京都の江東区や大阪市西部などで地盤沈下が目立つようになります。戦後は高度経済成長に伴い、各地で地下水の採取量が増えたために地盤沈下が全国に広がっていきました。

こうした状況を受けて、1956年に「工業用水法」「建築用地下水の採取の規制に関する法律」のいわゆる「揚水二法」が制定されて、地下水の取水規制が行われるようになります。その後も地盤沈下防止等対策要綱に基づく対策や、地方自治体でも地盤沈下の問題のあるところでは取水規制などの条例が制定されています。

その結果、地盤沈下はおおむね止まっていますが、それでも一度沈下した場所が、再度復旧することはありません。そのため東京都の湾岸地域などでは、海抜ゼロメートル地帯が広がっていて、高潮や洪水などのときには浸水リスクが懸念されています。ほかにも全国各地に沈下地帯は点在していて、そのような場所に家を建てる場合には、念入りな地盤調査と地盤改良工事が必要となります。

私の会社が地盤調査を担当した敷地のなかにも、当然そのような沈下地帯に位置するところがあります。そのような場所での調査を依頼された場合には、そもそも沈下の恐れがあるため、念入りかつ慎重な調査を行います。

以下は実際にあったケースですが、もちろん設計者には沈下地帯である旨を伝えたうえで、支持層までしっかり届く鋼管杭を打ち、地盤改良には万全を尽くしました。そこに建てられたのは住宅ではなく、それなりに大きな建造物でした。すると数年後にその建物が浮き上がってしまったのです。つまり地盤全体が下がってしまったのです。

とはいえ発生したのは均一沈下であり、不同沈下ではありません。つまり建物自体に傾きはいっさい発生していません。これは鋼管杭による地盤改良が適切であった証です。適切に地盤改良を行っていれば、広域沈下地帯でも不同沈下は起こらないのです。したがって修復作業を行う場合も、不同沈下を起こしたときよりは工事を行いやすく、費用も抑えられます。

ただ、この案件は施主側の訴えによって裁判となりました。訴訟の対象となったのは、設計士、施工会社、土地の造成会社であり、この案件に関わった業者のなかで、私の会社だけは訴訟対象からは外れています。その理由は、起こった現象が均一沈下であり不同沈下ではなかった、つまり地盤改良に瑕疵はなかったからです。

一審の判決が出た段階では、建築士を含めて訴えられた側の責任は認められませんでした。原告が上訴しているので、最終的に司法がどのような判断を下すのかは分かりません。

ただ、この案件を通じて伝えたかったのは、日本各地にこのような広域沈下地帯が存在する事実であり、そのような場所はほぼ事前に分かっているという事実です。少なくとも地盤調査を行う事業者であれば、それぐらいの情報は事前に把握しています。

だから施主も、自分なりに事前に集められる限りの情報を収集したうえで、不動産会社なり施工業者なりと話をしていただきたいのです。

明らかになったデータ偽装問題

2015年10月、大手不動産会社が関東地区で販売したマンションにおいて、大問題が発覚しました。マンションを支えるための杭が支持層まで達していないうえに、この工事を行った際の施工データが改ざんされていたのです。改ざんされたデータは、473本打たれた杭のうち70本に及びました。そして実際にマンションが傾いてしまったのです。

この事件は国土交通省も注目するところとなり、「基礎ぐい工事問題に関する対策委員会」が設置されました。同委員会は2015(平成27)年に中間とりまとめ報告書を発表しています。

「今回の問題の背景には、業界の抱える構造的課題がみえます。業界の風潮・企業の風土、関係者間の責任体制、設計と施工の連携、機器や装置の性能等、業界を構成する本質的な部分に検討が求められています。我々は今回の問題を、現状に対する貴重な警鐘として捉える必要があります。

データ流用は、くい工事管理者のミスがきっかけで行われます。しかし、そのミスが放置されていたことは、施工データの記録・提出を重視しない風潮に起因していいます。目に見えない地盤を対象にする既製コンクリートぐい工事の施工は、知識と経験がものをいう世界です。施工データは、下請が自ら適正に施工したことを元請に示すための資料です。自らの施工の適正さを示す資料を軽視してはなりません。さらに、ＩＴ化を進める他業種の事例も参考にしながら、エラーしても補完できるシステムを構築する必要があります。

建築物の施工は一品受注生産、下請を含めた多数の者による総合組立生産等の特徴があります。元請は建築物全体の安全性に施工上の責任を負っていますが、現場で直接施工する会社は、専門化、零細化し、重層構造の下層にいます。元請は全体の工程管理や書類整理に追われ、現場に足を向ける機会が減っています。現場の作業員は、元請とは異なる何層かの組織を介した下請との契約に基づき作業に従事しています。一方、現場の作業責任者が、施工会社の社員でない場合もあります。実質的に施工に携わらない会社が上位下請に入る場合もあります。このような環境下、元請と下請がどのように責任を担い安全な建築物を施工するのか曖昧になっていないでしょうか。さらに、現場で直接施工に携わる職人が、その役割や技能に見合って処遇され、高い意欲を保ち続けることができているでしょうか。」（国土交通省「基礎ぐい工事問題に関する対策委員会中間とりまとめ報告書」）

この事件は大型マンションで発生したものであり、一般の住宅建設とは下請構造の階層性などが異なります。マンション建設については大手不動産会社が元請けとなり、その下請けとして3次までにいわゆる大企業から中堅企業までが関わり、さらにその下請けとして2社が実際の地盤改良工事に当たっていました。

報告書では「施工データの記録・提出を重視しない風潮に起因しています」と指摘

されています。その後の調査により下請けの大手企業では、過去10年間に施工した基礎ぐい工事に関する調査対象物件3000件あまりのうち、360件に及ぶデータ流用が判明しています。

では、一般の住宅建設の際の杭工事では、データ偽装は起こっていないのか、あるいは地盤改良工事を依頼した施主には工事の適切性を確認するための手段があるのかという点について考えます。

地盤改良の品質を担保するチャート紙

例えば地盤改良工法の一つである柱状改良を行う場合、その品質を確保するためにきめ細かな条件が設定されています。具体的には改良深度、掘削速度、セメントミルク流量、1mあたりの羽根切り回転数です。これらが規定どおりに行われているかどうかを記す記録を「チャート紙」と呼びます。チャート紙には、深度・速度・回転・積回（積算回転数）・トルク・流量・積流が分秒単位で記録されています。

すなわちチャート紙には、設計どおりにセメントが流入されているか、そのセメントは決められた回数だけかき回されているかなどが記録されています。これを見れば、柱状改良工事が設計どおりに行われたかどうかは一目瞭然で明らかになります。

これが鋼管杭の場合であれば、止めるときのトルク値が重要な項目となります。すなわち仮に支持層が地下5mにある場合なら、そこまでは地盤が緩いので杭は入っていきやすくなります。この状態ではトルク値が1や2などと表示されます。そこから深くなるにつれて地盤が固くなっていくと、それに伴って表示されるトルク値も3、4、5と高まっていきます。地盤調査で支持層が5mとされていた場合なら、その深度に達したときに規定のトルク値、例えば6などが示されて、杭が支持層に到達したと分かります。

仮に設計値の深度5mに達した段階でもトルク値が2のままの場合は規定のトルク値、例えば6に達するまで杭を継ぎ足しながら打ち込んでいきます。また、そのために改良工事の日程が1日や2日延びたとしても、チャート紙にきちんとした記録を残し、のちのちの安全確保のために規定どおりの工事を行うのは当たり前の話です。

ところが、ここに施工不良や偽装の入り込む隙間があるのも事実です。つまり地盤改良指示では鋼管杭を5mまで打ち込めと書かれていたため、そのとおりにやったから「良し」とするのです。工事を請け負った側からすれば、指示されたとおりに作業をしたので問題はないと言い逃れできます。

そこで重要なのがチャート紙の存在です。チャート紙に記録が残されていれば、確かに5mまで打ち込んではいてもトルク値の不足が明らかなケースもあります。逆にいえば、このような施工不良問題を防ぐのもチャート紙が担っている機能の一つです。

ところが、以前はそもそもチャート紙による記録を行わない業者がいました。とはいえマンションの事例などにより、データ偽造が問題視されるようになった結果、最近ではチャート紙による記録そのものは一般的になっています。

ただ、ほとんどの施主がチャート紙の存在そのものを知らないのが実態です。施工会社もわざわざ施主にチャート紙を見せるケースは、ほぼありません。

しかし地盤改良工法で性能証明の付いている工法では、チャート紙により各工法で定められた基準を満たしていることを確認するよう義務付けられています。これが地盤改良では、性能証明の付いている工法を勧める理由でもあります。

そして性能証明工法であればチャート紙による記録は必ず残されているはずであり、それを確認させてほしいと施主が望めば施工会社は見せてくれるはずです。もちろん、今では性能証明工法でない場合でも、チャート紙による記録は常識となりつつあります。施主には見せてほしいと要求する権利があります。

つまりチャート紙は、地盤改良工事についての一種の「踏み絵」としての役割を果たすのです。施工会社に地盤改良を行ったら必ずチャート紙を提出してほしい、と告げたときに対する反応はその相手を信頼できるかどうかを判断する極めて重要な材料となります。ちなみに私の会社では、これまでに行った施工のすべてについてチャート紙を提出できます。チャート紙を使った徹底的な工事の精緻化の成果が、これまで10万件以上手掛けてきた地盤改良工事で施工不良3件の実績につながっています。

第5章

「盤石な地盤」だから実現できる安心して長く住み続けられる家

改めて確認したい地盤の大切さ

土地を買って家を建てる、あるいは建売住宅を買うことは、いずれにしても長い人生のなかで最大といっても決して大げさではない買い物となります。そこで改めて考えなければいけないことは、それだけの大金を払っていったい何を手に入れるのかということです。

もちろん手に入れるものは家と土地に決まっています。では、土地とは具体的に何を示しているのかを次に考えなければいけません。

土地の登記簿謄本には、その土地の所在、地番、地目（宅地・畑・雑種地など）、地積（面積）、登記の日付などの情報が記されています。つまり特定の場所にある、特定の広さの土地の所有者が登記簿には記されています。この登記簿こそ自分の土地である証です。

では、その土地の上空は何mまで、あるいは、地下はどこまでの深さを自分のものとして主張できるのか疑問に思うのが当然です。この地下地上権について法律ではどう定められているのか知っている人はあまりいないと思いますが、民法には次のように記されています。

（土地所有権の範囲）
第二百七条　土地の所有権は、法令の制限内において、その土地の上下に及ぶ。

実は記されているのはこれだけです。土地の上下がいったいどこまでを意味するのかについて、少なくとも民法には何も記されていません。もちろん、だからといって上も下も無制限に権利を主張できるかといえば決してそんなことはありません。
例えば、地上に関しては航空法には「人口密集地域を飛ぶ場合は、その地域内で最も高い障害物の上端から３００メートル以上が最低安全高度である」と記されています。これを基にすれば、上空３００ｍまでは一応自分の土地に含まれるとの解釈が成り立ちます。
ただ最近ではドローンが飛ぶケースなども増えてきました。ドローンの飛行については、家の上空何m以上を飛ばなければならないのかなどは明確に定められていないようです。地下地上権のことなど考えもしなかった人でも、仮に自宅の屋根のそばにドローンが飛んできたら不法侵入ではないかと思うはずです。おそらく今後はドローンに関する規制が厳しくなっていくと考えられ、もしかするとその過程で地上権についてもなんらかの明確な規定が出されるかもしれません。

また、地下についての権利はどこまでと定義されているのかも重要です。せっかくコストを掛けて地盤改良をしたにもかかわらず、地下の所有権がないのだとしたら無駄な費用を生んでしまいます。

地下に関しては、大深度地下の公共的使用に関する特別措置法（大深度地下法）」による制限があります。この法律は地下空間を有効活用し、公共事業を円滑に進めるために制定されました。ただし全国一律に適用されるわけではなく、人口の集中する三大都市圏（首都圏・近畿圏・中部圏）の一部区域だけが対象となっています。

同法によれば、公共事業に使われる大深度地下とは「地表から40m以深」もしくは「建物の支持基盤の最深部から10m以深」のうち、より深いほうとされます。「建物の支持基盤の最深部から10m以深」が深度40mより深くなるケースはまずないので、一般的に大深度地下は、深度40mより深い部分と考えられます。逆に考えれば、土地の所有権は地下40mまでに及んでいると考えて良いのです。

したがって調布市で地盤沈下を引き起こした、環状道路建設のための地下トンネル工事は、地上の土地の持ち主の所有権の及ぶ範囲を超えていました。つまり工事の実施そのものについては、地上の所有者の権利の及ばない場所で行われているため、法律上の問題はなかったと考えられます。

ただ、この問題についてはまだ決着がついていません。仮に工事を行ったのが大深度地下だったとしても、それにより地上に近い部分の地盤に亀裂などが入った場合、しかもその亀裂などが地下40mより浅いところで起こっていたら、地下権の侵害とも考えられます。その場合、責任はどこにあるのかなど、調布の事件については今後の成り行きが注目されます。そしてこの事件から教訓として学ぶべきは、地下では何が起こるか分からないという事実です。

意識すべきことは資産が決して土地表面だけではないという現実です。つまり、地下の地盤も含めての資産です。そのため、地盤がなんらかの問題を抱えていた結果として、不同沈下を起こしたりすれば、その土地の資産価値は大きく損なわれてしまいます。仮にその土地が駅前の一等地だったとしても、資産価値は一気に下がってしまうのです。

土地を買う場合は、地盤は本当に大丈夫なのかとしつこいぐらいに自問自答する必要があるのです。そうすれば、自分なりに土地についていろいろ調べるようになるはずです。ただし、ネットで情報を集めるときには、その情報の出どころを確認するよう注意してください。

そして集めた情報をあらかじめ整理したうえで、その土地の売買に関わる相手にまず質問するのが良いです。こちらの問い掛けに対して真摯に答えてくれるかどうかは、その相手と大切な取引を進めて良いかどうかを判断するための極めて重要な指標となります。

地盤に関する問題はどうなっているのか

実際に、地盤に関係する住宅の問題はどれほど起こっているのかを知ることも地盤に関しての情報源となります。公益財団法人住宅リフォーム・紛争処理支援センターが発行している「住宅相談統計年報2022 2021年度の住宅相談と紛争処理の集計・分析」には次のようなデータがあります。

住宅に関するトラブルの相談件数の総数は、2021年度で3万5040件で、そのうち新築等相談が2万3994件となっています。相談件数の推移を見ると、2008年頃から増え始め、その後はどんどん増えている様子が見て取れます。ちょうど2007年に「特定住宅瑕疵担保責任の履行の確保等に関する法律（住宅瑕疵担保履行法）」が成立しました。続いて2009年10月以降、住宅事業者は住宅瑕疵担保保険への加入などにより、十分な修理費用をまかなえるようにしたうえで、新築住宅を引き渡さなければならなくなったのです。

その前、2000年に施行された「住宅の品質確保の促進等に関する法律」により、すでに住宅事業者は瑕疵に対する10年間の住宅瑕疵担保責任を課せられています。こうした状況の変化により、住宅の購入者の権利意識が高まり、その結果としてトラブルの相談件数が増えたのではないかと考えられます。

家の不具合については、最も多いのが「ひび割れ」で、その場所は外壁と基礎です。以下「雨漏り」「性能不足」「変形」と続き、地盤に直結する「沈下」は全体の2・3％にとどまっています。ただし、この結果は要注意です。つまり「沈下」は当然地盤の影響ですが、そのほかにも地盤の関係する可能性を疑うべき不具合がります。例えば最も多い「ひび割れ」が多く見られる箇所は外壁や基礎です。なぜ外壁や基礎にひび割れが起こるのか、その理由について考えると不同沈下の可能性も考えられます。11番目に挙げられている「傾斜」についても不同沈下が影響している可能性は否定できません。

そもそも多くの施主は「不同沈下」という現象の詳細はもとより、その名前すら聞いた経験のない人がほとんどではないかと思います。よって、実際には不同沈下が原因となっているにもかかわらず見過ごされている問題がデータに示された数以上ある可能性も否定できません。

　ひとたび不同沈下を起こしてしまうと、その補修費用は最低でも500万円程度で、高ければ1000万円以上にのぼるケースもあります。もちろん、そのような問題が起きたときのために、地盤保証会社や地盤業者による保証制度が整備されています。保証内容には、原状回復のための工事費用が含まれています。仮に不同沈下を起こした場合なら、建物本体の修復に関する費用や、さらなる不同沈下を防ぐための地盤補強工事なども含まれるはずです。

　ただし、保証を受けるためにはそもそも施工会社や地盤改良工事会社が地盤保証会社に加入していることが大前提となります。また、施主から保証申請を依頼された施工会社は、着工前に必ず地盤保証会社による地盤調査を受ける手はずとなります。その調査結果を基にして、地盤に最適な地盤改良工事が行われるのです。

　整理すれば、そもそも地盤保証会社に加盟していない施工会社や地盤改良工事会社を選んではいけないのです。さすがに昨今では、そのような会社はまずないと思われますが、念のため取引を始める前には一言、確認しておくのがベストです。

さらに地盤保証を契約する際には、次の点に注意が必要です。なにより大切なのは、保証内容であり、具体的には保証が及ぶ範囲や費用です。仮に不同沈下を起こして修復工事が必要となり、その間はどこかに仮住まいしなければならないとします。その場合、仮住まいの費用が含まれているのか、含まれているとすればそれはいくらなのか、などは事前にチェックしておく必要があります。

また保証期間と保証の限度額も忘れてはならない確認事項です。保証期間は基本10年間ですが、これも保証会社により変わり最長20年間まで保証するところもあります。1事故あたりの補償限度額にも違いがあるため、事前にしっかり確かめておくようにしなければいけません。

地盤について、どこで何を調べれば良いか

１９９５年の阪神・淡路大震災からそのあと、日本では大きな地震が続いたこともあり、震災ひいては土地に対する関心が、以前より高まっています。こうした変化を

受けて、例えば「〇〇市〇〇　地盤情報」などのキーワードで検索をかけると、さまざまな情報がネット上で提示されるようになっています。

ただ情報の提供元は自治体、各種学会のほかにも民間企業などさまざまな団体があり、個人のブログなどもあります。そのなかには「大地震対策．ｉｎｆｏ」などのように運営主体が明らかでないサイトもあります。このサイトの地盤データなどは、都道府県別に町名単位で検索でき、地盤データや地震発生の予測確率などが掲載されています。そのデータ内容自体は引用元および参照元を見る限りでは確かです。一方では、運営主体が記されていても掲載されている情報が不確かなケースもあるので、ネット情報にはくれぐれも注意すべきです。

ほかにも都道府県が提供している情報サイトやハザードマップ、国土交通省、国立研究開発法人土木研究所および国立研究開発法人港湾空港技術研究所が共同で運営し、土木研究所が管理する国土地盤情報検索サイト「ＫｕｎｉＪｉｂａｎ」などもあります。探せば信用できる情報はネット上にもいくつもあるため、最初はとにかく自分でいろいろ検索し、情報に関する勘を養う訓練も大切です。

そうした情報も参照しながら、土地選びを考える際は日本が必ず地震に見舞われるということは大前提です。太平洋プレート、フィリピン海プレート、ユーラシアプレート、北米プレートと、4つのプレートが接する位置にあるのが、日本列島です。このうち太平洋プレートとフィリピン海プレートは、毎年数cmの速さで、東から西に向かい日本列島の下に潜り込んでいます。この動きに伴って大陸側のプレートが下に引きずり込まれて歪んでいき、その歪みが限界に達したときに巨大地震が起こります。

これは日本列島の宿命であり、日本で暮らす限りは震災リスクから逃れるのは難しいです。そんな日本で近い将来起こると予想されているのが、南海トラフ地震、日本海溝・千島海溝周辺海溝型地震、首都直下地震、中部圏・近畿圏直下地震などです。なかでも南海トラフ地震と首都直下地震の今後30年以内に起こる確率は、70％と高い数字になっています（内閣府「防災情報のページ」）。

南海トラフ地震の被害想定区域は、実に幅広く下記の都府県が含まれます。

茨城、千葉、東京、神奈川、山梨、長野、岐阜、静岡、愛知、三重、滋賀、京都、

大阪、兵庫、奈良、和歌山、岡山、広島、山口、徳島、香川、愛媛、高知、福岡、熊本、大分、宮崎、鹿児島、沖縄

これを見れば北海道、東北以外の大平洋側地域ではほとんど地震を避けられないのが分かります。ただし、大地震に見舞われたら、それで土地や家がだめになるかといえば、決してそうではありません。

まず、そもそもしっかりした地盤の土地を選び、さらに地盤改良をして安全性を確保しておきます。そのうえで耐震性を考えた家を建てなければなりません。それゆえ地震の際に問題となりがちな液状化については、できる限り液状化の起こらない土地を選びます。そのためには国土交通省の「ハザードマップポータルサイト」にアクセスして、そこから全国各地のハザードマップを閲覧すれば、購入の候補地の液状化リスクがある程度分かります。

もう一点、地震に関して忘れてならないのが津波による被害です。といえば東日本大震災で起こった、壮絶な情景を思い起こす人もいるかと思います。南海トラフに代

表される海溝型の地震は、震源地が海となるため津波を伴うリスクがとても高いのです。したがって太平洋沿岸地帯で土地を考える際には、津波に襲われるリスクを考慮しておく必要があります。

もちろん、必ずしも沿岸部のすべてが津波に襲われるとは限りませんし、沿岸に防潮堤などが整えられている場所もあります。あるいは仮に津波が来たとしても、すぐに避難できる場所を確保できていれば、少なくとも身の安全は確保できると考えられます。

ちなみに、２０２２（令和４）年地震調査委員会によると、今後40年以内に南海トラフ地震が発生する確率は90％程度と発表されています。例えば、30代の人であれば、70代になるまでに９割の確率で地震が起こるということは、意識しておいてもらうと良いと思います。

土地を買う、その土地に家を建てる、つまりは一生の買い物をするのだから、慎重には慎重を期していただければと思います。

安心の地盤サポートシステム

住まいの基盤、つまりは暮らしのベースとなる地盤を守るために、さまざまなシステムが整備されています。例えば、私の会社もFCとなっているジャパンホームシールドの「地盤サポートシステム」は一般消費者向けのシステムではなく、地盤調査や地盤改良、さらには建設施工などを行う事業者向けのサービスです。

土地を買い、家を建てるという話をする相手が、こうしたサービスを活用しているかどうかが、その事業者に安心して頼めるかどうかの試金石となるのです。ジャパンホームシールドの「地盤サポートシステム」は、これまでに日本全国の3万社に選ばれた地盤調査のスタンダードともいえるシステムです。

過去の地盤調査で得られたデータと、その土地で行われた地盤改良工事とその結果などが紐付けられたデータに基づいて、地盤調査の結果を判定し、その土地に最適な地盤対策が提案されます。もちろん地中を実際に見て確認しながらの調査も、工事も現在の技術では不可能です。だから、どうしても100％確実とはいえません。けれども、その確率を限りなく高めてくれるのがデータの量であり質です。

同社の地盤解析システムで活用されるデータは大きく8種類あります。ＳＷＳ試験データ、ＳＤＳ試験データ、ボーリングデータ、特殊土壌エリアマップ、沈下事故情報で、ここまではオリジナル情報です。これに表層地質図、１９７０年代の航空写真、明治から平成にかけての旧版地形図を参照しています。

そのうえで強さ（地盤の支持力）、収縮（盛土・埋土の状況、経過年数、締まり具合）、変形（現地調査データ、土質、近隣の現象、沈下量と傾き）ときめ細かな要素について徹底的な検証が行われます。さらに地盤調査の際に問題となりがちだった人によるミスは、調査時のデータが人手を介さずに送信されるシステム「ＧｅｏＷｅｂＳｙｓｔｅｍ」（ジオサイン開発）により防がれるようになっています。

ここまで徹底しているから実現可能となった、万全の保証とサポート体制では、まず最長20年間の長期保証で安心が確保されます。さらに万一の際の金額保証も、一般的な水準を超えたレベルが設定されています。まさに地盤調査から地盤保証を、日本で最初期から手掛けてきた企業ならではの充実したシステムを活用する企業は、私の会社を含めて全国に広がっています。

土地と住まいの購入を考える際には、取引相手がこのようなサービスに加入しているかどうかを確認すると良いです。

地盤調査にも必要なＤＸ

２０２２年３月、私の会社は土地調査・測量・設計サポート事業などを行う住宅建築分野のＤＸ化の取り組みをスタートさせました。

この取り組みにより私の会社は、敷地調査現地状況を３Ｄデータ化する「３Ｄ点群計測」による敷地調査を行います。３Ｄ点群（３次元点群とも呼びます）とは、３次元レーザースキャナーなどを使って地形を計測したデータを、コンピュータ上で３次元の点群として表現する技術です。このデータは設計業務、地盤業務などに活用可能です。また、３次元点群データの今後の活用法としては、建物の傾斜判定が考えられます。すなわち不同沈下の測定にも、将来的には応用可能です。

私の会社は敷地調査に基づいて地盤調査と解析を行い、そのうえで地盤改良工事を行います。このプロセスで発生する一連のデータをほかの会社と共有し、その会社は役所調査に活用します。データはすべてクラウドシステムに一元収納され、これらのデータを基に、住宅地盤保証制度や住宅瑕疵保険などの審査を実施、保険・保証による経営リスクマネジメントをサポートします。クラウドには、該当工事に関わる一連のデータをすべて集約できるため、設計・施工・アフターまでをデータに基づいて一体管理できるようになります。

このシステムに対応するためには、最初の地盤調査で得られるデータから、地盤改良工事の際のチャート紙のデータなどが、すべてデジタル化されている必要があります。これは逆に考えれば、すべてデジタル化されることにより、人為的なミスの入り込む余地がなくなるのです。

現地での地盤調査といえば、以前は人がハンドルを回して紙に記録を書き込みながら行う、いかにもアナログなものでした。それが今では、ほとんど全自動化されて、データも現地に持ち込んだ携帯端末からネットワーク経由で、本社サーバーに自動的に送られるようになっています。

地盤調査に携わる者としては、これだけ科学技術が進歩しているのだからもう一点、イノベーションを期待するポイントがあります。それはボーリング調査です。

地下の土質を正確に判断するためには、現状は地下の土を採取するしかありません。そのボーリング調査には職人芸の要素があり、一人前になるためには、数年の修業が必要とされています。ところが高齢化が進む一方では、修業をしてまで後を継ぎたいと考える若者がいないため、事業の先細りが懸念されています。

そこで画像技術を活用した、地下の映像診断システムができないものだろうかと考えているのです。もちろん地下に打ち込んでも壊れない頑丈なカメラが必要であり、明かりのないところで画像データを採集する工夫も求められます。

けれども、これらの課題は、これからの科学技術の進展を想定すれば、おそらくクリアできるはずです。そうなると、施主は、自らが購入した土地の深層部分までを、単なるデータではなく画像データとして確認できるようになります。

入り口の地盤調査から、最終の地盤改良工事の結果までが、可視化され一般の人でも視覚的に理解できるデータで表示されるようになれば、業界には大きなイノベーションとなるはずです。

地盤から住宅の安全・安心を目指す

２０１６年に設立された全国住宅品質技術協会のホームページには下記のとおり目的が示されています。

「住宅建築に起因する不具合の撲滅や安全衛生・品質確保に向けた研鑽・研究、また行政や関連団体との効率的な連携により、住宅の安心・安全を追求し続ける団体として住宅業界全体の発展に寄与することを目的とする」

設立の背景となったのは、住宅市場における地盤調査や建物検査の重要性に対する世間の関心の高まりです。地震などの自然災害が多発する一方では、地盤改良工事における施工不良問題などがあり、新築時に信頼性の高い地盤調査や建物調査を行うニーズが高まっています。こうした状況に対応するために、業界全体での品質・技術の向上を目指して活動するほか、行政さらには関連団体との効率的な連携も行っています。

具体的な活動としては、宅地地盤調査と地盤補強工事に関する資格試験を実施しています。宅地地盤調査については、安全・安心な宅地地盤提供に必要な知識と技術を習得し、試験に合格した者を協会が認定します。資格認定を受けると、宅地地盤調査主任として、住宅の地盤調査業務と調査報告書の作成を行います。この資格には5年間の有効期限が設定されていて、5年を経過して資格更新を求める場合には、更新講座を受講する必要があります。

もう一つの地盤補強工事資格は、地盤補強の設計・施工に必要な知識と技術を習得することで、業界の技術・品質の向上と現場トラブルの未然防止を目的としています。試験合格者は、地盤補強設計主任技士、地盤補強施工管理主任技士、地盤補強施工管理技士として、地盤補強工事の各プロセスを担当します。これらも5年を有効期限とし、資格更新には更新講座の受講が求められます。

いずれも住宅建設において重要かつ専門的な業務である地盤調査、地盤補強工事を担当するのにふさわしい知識と技術を備えた調査員、設計者、施工管理者を養成し、技術の向上とトラブルの未然防止を図るための資格試験制度です。

また協会では「住宅の安全・安心のための地盤調査標準書」「住宅の安全・安心のための地盤補強工事標準書」「住宅の安全・安心のための現況測量標準書」などのマニュアルも発行しています。「住宅の安全・安心のための地盤調査標準書」では、調査の進め方はもとより、現場マナーについて身だしなみや挨拶・言葉遣いから騒音への気遣い、清掃・整地まできめ細かな内容が網羅されています。

このような法人活動にも力を入れる理由は、ただ一つ、なんとかして日本から不同沈下をなくしたいからです。そのためには、土地の購入者が地盤についての知識を身につける必要があるのです。

おわりに

土地を買って、思い描いていたとおりに建てたその家は、暮らしを支える場であり、土地も含めて貴重な資産でもあります。しかし、その家を支えている地盤は大丈夫だろうかと、土の下にまで関心をもつ人はどうしても少ない、その現状に私はずっと問題を感じていました。

不同沈下を起こしてしまう、あるいは地震が発生したときに傾いてしまったり、液状化の被害を受けてしまったりする家は、たいていの場合が土地を買った本人が地盤についてほとんど気にしておらず、不確かな地盤の上に家を建ててしまったことが原因なのです。

もちろんそんなことになれば、土地の資産価値が一気に下がってしまいます。だからこそ土地を手に入れるときには、地盤についても考えてほしいと考えたことが本書を書こうと思ったきっかけです。

日本では毎年、注文住宅が28万軒ほど建てられています。その多くはしっかりと地盤調査を行い、何か問題があれば地盤改良を施したうえで建てられているはずです。

けれども、依然として不同沈下による被害が起こり続けています。その多くは地盤調査もしくは地盤改良になんらかの問題があったからだと考えられます。さらに、その原因を深く掘り下げると、施主となる人がそもそも地盤にあまり関心をもっていなかったからだと思うのです。

土地に限りのある日本で、さらにこれだけ多くの家がすでに建てられている現状で、地盤になんの問題もない場所を新たに見つけるのは決して簡単なことではありません。だからこそ新たに土地を手に入れて家を建てるときには、地盤に注意することは一般的だと考えられるようにならなければいけません。

仮に地下になんらかの問題が見つかったとしても、今では問題解決のための工法が数多く開発されています。まずはしっかりと地盤調査をし、少しでも懸念される要素があるときには少し費用を上乗せしてでもボーリング調査を行い、土質まできちんと確かめることが大事です。そのうえで適切な地盤改良を行えばまず問題は起こりません。

これから家を建てようと考えている人は、この一連のプロセスの重要性に気づく必要があります。そして、日本の不同沈下が限りなくゼロに近づく、そんな日が来ることを私は心から祈っています。

〈著者紹介〉
山口喜廣（やまぐち よしひろ）
1967年生まれ。1985年好樹園（現・株式会社好樹園）に入社。クレーン会社として独立を目指し、1990年に有限会社アートクレーンカンパニーを設立、代表取締役に就任（現任）。1996年より地盤事業を開始、2018年に社名を株式会社アートフォースジャパンに変更。2020年10月、東京証券取引所 TOKYO PRO Market に上場。株式会社アートフォースジャパン代表取締役社長、一般社団法人全国住宅技術品質協会理事長。

本書についての
ご意見・ご感想はコチラ

家を建てる前に知っておきたい 地盤のすべて

2023年1月27日　第1刷発行

著　者　　山口喜廣
発行人　　久保田貴幸

発行元　　株式会社 幻冬舎メディアコンサルティング
〒151-0051　東京都渋谷区千駄ヶ谷4-9-7
電話　03-5411-6440（編集）

発売元　　株式会社 幻冬舎
〒151-0051　東京都渋谷区千駄ヶ谷4-9-7
電話　03-5411-6222（営業）

印刷・製本　中央精版印刷株式会社
装　丁　　田口美希

検印廃止

Printed in Japan
ISBN978-4-344-94145-8 C0052
幻冬舎メディアコンサルティングHP
https://www.gentosha-mc.com/